Rudolf Ufinger

Forschungen zur Lex Saxonum

Rudolf Ufinger

Forschungen zur Lex Saxonum

ISBN/EAN: 9783741158629

Hergestellt in Europa, USA, Kanada, Australien, Japan

Cover: Foto ©Andreas Hilbeck / pixelio.de

Manufactured and distributed by brebook publishing software
(www.brebook.com)

Rudolf Ufinger

Forschungen zur Lex Saxonum

Forschungen

zur

Lex Saxonum

von

Rudolf Usinger
ord. Professor der Geschichte an der Universität Greifswald.

Berlin, 1867.

Ernst Siegfried Mittler und Sohn.

Königliche Hofbuchhandlung.

(Kochstraße 69.)

Meinem Freunde

Philipp Jaffé.

Uebersicht.

Einleitung.

Die Ausgabe von Merkel S. 2. — Die Eintheilung in Capitel und die Zusätze zu Cap. 66, S. 2—4.

Die Verwandtschaft der Texte.

Die Handschriften und ältern Ausgaben. S. 4—6. — Gemeinsame Mängel der Redaction S. 6. Glosse in Cap. 16. — Die Verwandtschaft S. 7, 8.

Besteht die Lex Saxonum aus drei Theilen?

Die bisherigen Urtheile S. 8. — Der s. g. erste Theil, Capitol, de partib. Sax. Cap. 33; Lex Francorum S. 9—13. — Der s. g. zweite Theil S. 9. — Der s. g. dritte Theil S. 13—17.

Die Lex Saxonum und die karolingische Gesetzgebung, insbesondere für Sachsen.

Falda S. 17—20. — Abstrecht S. 20. — Brandstiftung S. 21. — Dreifacher Ersatz S. 22 — Uebereinstimmung zwischen der Lex und den Capitularien S. 22. — Münzverhältnisse, Cap. 66 der Lex, S. 23—29; 51—71.

Fränkisches und sächsisches Recht.

Die Capitulatio de partibus Saxoniae.

Eintheilung S. 31. — Die christliche Kirche, Abstrecht S. 32. — Verletzung kirchlicher Gebote S. 32. — Todschlag des dominus, die ständischen Verhältnisse S. 32—43. — Wergeld S. 35, 53, 61. — Die Todesstrafen der Capitulatio S. 43. — Einführung des Christenthums S. 44. — Die neue Obrigkeit, die Grafen S. 45. — Bann, Volksversammlungen S. 46.

Das Capitulare saxonicum.

Eingang S. 47. — Die acht Bannfälle S. 48—50. — Der Frebus und Grafenbann S. 50; 58. — Ständische Verhältnisse. Der sächsische Abel und die Gemeinfreien der Franken S. 51—54. — Sonstige Verfügungen S. 54.

Die Bruchstücke bei Anfegis.

Pfändung von Pferden; Buße der Knechte S. 55. — Die Ausdrücke ewa und lex Saxonum.

Lex Saxonum.

Zeit der Abfassung S. 56—60. — Todschlag und Körperverletzungen S. 61. — Meineid S. 62, 11. — Fränkische Strafen S. 63. — Diebstahl S. 63. — Heerbann, Weg zum Palatium S. 64. — Familien- und Erbrecht S. 65—67. — Frauenraub S. 67, 22. — Bußen der Knechte S. 68. — Schaden durch Zufall oder Thiere S. 69. — Die Wegführung und der Grundbesitz; Ellen des Königs S. 70. — Münzverhältnisse S. 71. — Kirchenfriste S. 72. — Die Lex Saxonum ist nicht unter Einfluß der fränkischen Regierung abgefaßt, sondern eine Privatarbeit, die zwei Verfasser hat S. 71—74.

Unter den mannigfachen Rechtsaufzeichnungen der karolingischen Zeit nimmt das kleine Volksrecht der Sachsen nicht am wenigsten Interesse für sich in Anspruch. Die Abgeschlossenheit des sächsischen Volksstammes ließ hier manche Zustände des germanischen Alterthums noch fortbestehen, die sich anderswo längst umgebildet, und daher ist denn die Aufzeichnung des Rechtes der Sachsen nicht allein für die Zeit ihrer Entstehung, sondern auch für die älteste deutsche Geschichte von großer Bedeutung. Sie gewährt uns Rückblicke in das Rechtsleben unserer Nation zu einer Zeit, wo die Germanen noch unberührt von fremden nationalen und religiösen Einflüssen waren. Bei jeder derartigen Benutzung der Lex Saxonum muß aber die größte Sorgfalt angewendet werden, um das unter fränkischem Einfluß entstandene Recht, wie wir es verzeichnet finden, von dem altsächsischen auszuscheiden: eine kritische Arbeit, welche eine klare Ansicht über die Frage voraussetzt, was denn eigentlich die Lex Saxonum sei? Dieselbe kann nur gelöst werden durch eine genaue Kritik des Textes der Lex und eine Vergleichung desselben mit den Nachrichten, die wir sonst aus der karolingischen Zeit über die Zustände der Sachsen, sowie die Bestrebungen der fränkischen Könige in Beziehung auf den neu unterworfenen Stamm haben, also vornehmlich durch eine Vergleichung der kritisch gesichteten Lex mit dem für Sachsen gültigen Gesetzesrechte des fränkischen Reiches.

Es ist schon viel über die Lex Saxonum geschrieben. Allein trotzdem möchten die folgenden Blätter ergeben, daß für die Kritik, für die unerläßliche Vorarbeit bei jeder Benutzung derselben, noch sehr wenig geschehen ist. Wir besitzen keine Ausgabe der Lex, der man eine sorgsame, kritische Feststellung des Textes, mit genügender Berücksichtigung des handschriftlichen und auch des bereits gedruckten Materials nachrühmen könnte. Bis 1822 vermochten die Herausgeber immer nur drei ältere Ausgaben, die von Tilius (cod. 3), von Herolb (cod. 4) und von Lindenbrog (cod. 5) zu wiederholen, und als dann in jenem Jahre Spangenberg in seinen Beiträgen zu den teutschen Rechten des Mittelalters zwei bisher unbekannte Handschriften beschrieb, sowie deren abweichende Lesarten angab, mußten die nächsten Herausgeber, Walter und Gaupp, sich doch damit begnügen, jene Bemerkungen von Spangenberg zu benutzen; die Handschriften selbst (cod. 1 und cod. 2) haben sie nicht eingesehen. Später freilich hat Merkel auch diese Handschriften, cod. 1 nach der Collation von Pertz, cod. 2 im Originale, neben den älteren Werken für seine Ausgabe (Lex Saxonum. Berlin 1853. 8.) verwerthen können, allein es ist dies nicht mit der Sorgfalt geschehen, die von ihm zu erwarten gewesen.

Ich mache der Merkelschen Ausgabe — nach der ich freilich immer citire, — zunächst zum Vorwurfe, daß sie nicht von dem vorher zu erforschenden Verhältniß der auf uns überkommenen Texte ausging. Merkel wäre dadurch vielleicht schon auf das Bedenkliche seiner Ansicht über die Lex, die seitdem fast herrschend geworden, aufmerksam gemacht. Es wäre dann auch seine auffallende Gestaltung des Textes, von dem der größte Theil jetzt als Lex Francorum bezeichnet ist, gewiß fortgeblieben. Insbesondere ist mir aber eine nicht unerhebliche Ungenauigkeit in der Angabe der Lesarten auffallend. So ist im Cap. 22 ein et als Eingang beibehalten. Es sind dafür die Codices 1, 2 angeführt, während es sich factisch in den Codices 1 (Spangenberg p. 186) und 5 findet, die denn auch, gleich wie cod. 3, was hier von Wichtigkeit, das Cap. dem vorigen, 21, anschließen. Im Cap. 33 ist für qui der cod. 2 notirt, während der hier wol allein das unpassende, von Merkel in den Text aufgenommene ai hat. Die Codices 1, 3, 4, 5 haben qui. Am Ende des Cap. 37 wird die auf den Zusatz im cod. 1 verweisende Zahl (nach Spangenberg und Lindenbrog) zu streichen sein u. s. w. Spätere Noten zum Texte werden eine größere Fülle von Ungenauigkeiten ergeben. Wenn ich hier im Voraus schon einige Andeutungen darüber gemacht, so geschah dies, weil die nicht völlige Zuverlässigkeit der Merkelschen Ausgabe der Ausgangspunkt meiner Untersuchung sein muß. Aus demselben Grunde sind auch hier die Angaben Merkels über die Eintheilung der Lex, dann aber vor allem über das Cap. 66 einer Prüfung zu unterziehen.

Merkel sagt in der Einleitung, der cod. 1, den er nach der Collation von Pertz benutzt, sende dem Text ein Register des Volksrechts in den ersten 60 Capiteln voraus, bestehend in den Anfangs-

worten vom Text der einzelnen Gesetze. Dabei sei Cap. 7 über-
sprungen, so daß nur 59 Capitel im Register gezählt würden. Den
Text gebe der Coder dann jedoch „in allen 66 Titeln". Auch
Spangenberg p. 186 spricht von der Eintheilung und von dem
Register. Nach ihm besteht jene aus 64 Capiteln und der Handschrift geht dann „eine Aufzählung der 64 nummerirten Artikel mit
ihren Anfangsworten voraus". Diese Zahl, 64, stimmt auch mit
cod. 3, denn auch er hat nicht mehr Capitel, indem er Cap. 22
dem Cap. 21, und 31 dem Cap. 30 anschließt. Unterstützt nun
dieses bereits die Richtigkeit der Angabe von Spangenberg, so ergiebt sich die unzweifelhaft, wenn wir beachten, daß Cap. 22 auch
von dem cod. 1, wie nach Spangenberg und Lindenbrog gar nicht zu
bezweifeln ist, dem Cap. 21 angeschlossen wird, und daß von dem
Cap. 65 Merkel selbst angiebt, der cod. 1 ziehe es zum Theil zu
Cap. 64. Die Angabe von Merkel kann daher nicht genau sein, die
von Spangenberg ist vorzuziehen. Auch der cod. 1 wird 64 Capitel
haben, wie cod. 3. Von cod. 2 bemerkt Spangenberg ausdrücklich,
daß er in 66 Artikel getheilt sei.

Merkel stützt seine Ansicht über den Ursprung der letzten sechs
Capitel auf jene von ihm behauptete Eintheilung in 66 Capitel
und die Abkürzung des Registers. Ich komme in Betreff der letzten
sechs Capitel zu dem gleichen Resultate als Merkel. Doch geschieht
dies aus ganz anderen, sachlichen Gründen, ich wage nicht mich auf seine
Bemerkungen hier zu stützen, und bemerke dies gleich hier im Voraus.

Wichtiger für meinen Zweck sind jedoch die Angaben über das
Cap. 66. Dieses Capitel entscheidet vorzugsweise über das Verhältniß der vier Texte zu einander. Ich theile es in vier Sätze:

1) Solidus est duplex; unus habet duos tremisses, quod est
   bos anniculus duodecim mensium vel ovis cum agno, alter
   solidus tres tremisses, id est bos 16 mensium. Majori
   solido aliae compositiones, minori homicidia componuntur.

2) Westfalaiorum et Angrariorum et Ostfalaiorum solidus
   est secales sceffila 30, ordei 40, avenae 60; apud utrosque duo sicle mallis solid.

3) Quadrimus bos duo solidi; duo boves, quibus arari potest,
   quinque solidi; bos bonus tres solidi; vacca cum vitulo
   solidi duo et semis.

4) Vitulus anniculus solid. 1. Ovis cum agno et anniculus
   agnus ei superadjunctus solid. 1.

1*

Nach Merkel hat cod. 1, Saß 1, 2, 3.

cod. 2, — 1, 3, 4.

cod. 3, — 1, 2, 3.

cod. 4, — 1.

cod. 5, — 1, 2, 3.

Spangenberg p. 182 bemerkt über die Säße 2, 3, 4 im cod. 1 „ohne weitere Beziehung auf Weſtfalen u. ſ. w." Nach ihm hat cod. 1 wie 4 nur Saß 1. Es iſt nicht anzunehmen, daß Spangenberg hier ein ſo bedeutendes Stück mit mehreren Eigennamen ganz und gar ſollte überſehen haben. Freilich führt Merkel, — der, ich erinnere wieder daran, für cod. 1 die Collation von Perß benußte, — zu siclo die abweichende Lesart des cod. 1: si do an; und ebenſo zu quadrimus die Lesart quadrimis. Beide Lesarten hat auch, wie Merkel bemerkt, der cod. 5: allein auch der cod. 3 hat, wie Merkel nicht angab, beide Lesarten. Es werden hier 1 und 3 verwechſelt ſein und das iſt auch in Note 15 der Fall, wo ſonſt die 3 hinzuzufügen verſäumt wäre. Nach Merkel müßte der cod. 3 allein im Saß 2: siclo habeu, das nun in den Text genommen; er hat aber si do. Richtig iſt siclo wol ohne Zweifel, aber nicht als Lesart von irgend einem Coder, ſondern als Emendation von Gaupp, Recht und Verfaſſung der alten Sachſen p. 227.

Es haben demnach cod. 1 und 4 nur Saß 1, cod. 3 und 5 die Säße 1, 2, 3 und cod. 2 die Säße 1, 3, 4. — Dieſe Ergebniſſe ſind insbeſondere von Wichtigkeit für

die Verwandtſchaft der Terte.

Wie bereits vorläufig bemerkt, beſißen wir von der Lex Saxonum zwei ältere Handſchriften und drei Ausgaben, denen ſelbſtändige Bedeutung beigelegt wird.

Cod. 1 — früher im Beſiß von Spangenberg, jeßt im britiſchen Muſeum, iſt nach Perß, Archiv V, 301; Abhandl. der berl. Akadem. 1857 p. 87, gegen Ende des 9. oder Anfang des 10. Jahrhunderts geſchrieben. Er enthält, außer der Ler, noch Bruchſtücke von Volksrechten und Capitulare aus karolingiſcher Zeit. Die Ler iſt in 64 Capitel eingetheilt, welche nirgends durch Ueberſchriften unterbrochen werden. Eigenthümlich ſind dieſem Coder bei den Capiteln 21, 23, 36, 38 Zuſäße, wodurch bei ſchweren Strafen darauf hingewieſen wird, daß dieſe nur iufra patriam Gültigkeit hätten, während in anderen Gegenden secundum illorum legem,

ubi factum est zu büßen sei. Ferner ist das Cap. 58 nicht voll-
ständig aufgenommen.

Cod. 2 — war früher in Corvey, ist dann nach Merkel in
die Dombibliothek zu Paderborn gekommen, von wo Prof. Jacob-
son in Königsberg ihn lieh. Gütiger Nachricht entnehme ich, daß
der Codex jetzt in keinem der Archive in Paderborn aufzufinden ist.
Auch weiß man dort nicht, wohin derselbe gekommen. — Geschrieben wurde cod. 2 im 10. Jahrhundert. Er enthält, neben der Lex
Saxonum, die Lex Thuringorum, Instructionen für Missi, Canc-
nes, Capitularien, darunter das Capitulare saxonicum von 797. —
Die Lex ist in 66 fortlaufende nummerirte Capitel eingetheilt, welche
vor Cap. 24 durch die Ueberschrift: Lex Francorum unterbrochen
werden. Außer dieser Eigenthümlichkeit hat Codex 2 nicht nur, wie
auch 3 und 5 im Cap. 66 den Satz 3, sondern auch, und zwar
ganz allein, den Satz 4, während Satz 2 fehlt.

Cod. 3. — Ausgabe von Tilius[1]), um 1550 und 1573; siehe
Gaupp p. 73 ff., vgl. Stobbe, Beiträge zur Gesch. des deutschen
Rechts p. 83. — Eintheilung in 84 ununterbrochene nummerirte Ca-
pitel. Eigenthümlich ist dem Codex besonders der Satz 2 des Cap. 66,
Satz 3 mit cod. 2 gemeinsam. Cap. 14: interpremium.

Cod. 4. — Ausgabe von Herold 1557. Eigenthümlich würde
diesem Codex nur eine abweichende Eintheilung des Textes sein,
wenn dieselbe nicht vom Herausgeber herrührten sollte. Dieses wird
doch aber höchst wahrscheinlich, wie schon oft vermuthet, der Fall
sein. Dahin führt schon, daß die drei vorher genannten Codices
sämmtlich nur die Eintheilung in fortlaufende Capitel kennen.
Entscheidend muß aber sein, daß sich in dieser Ausgabe von Herold
außerdem auch noch eine Umstellung von Capiteln findet, die doch
nur der willkürlich gemachten Eintheilung zu Liebe ihre Entstehung
verdanken wird. Unter der Ueberschrift: Do damno casu illato sind
die Capitel 54, 55, 56, 58 59, zusammengefaßt. Das Cap. 57 ist

---

1) Neben dem Wiederabdruck von G. Müller habe ich die seltene Ausgabe
der Königl. Bibliothek zu Hannover, welche von Blume im Rheinischen Museum
VI, 356 beschrieben ist, und die mir durch die Güte des Herrn Rath Bodemann
zugesandt wurde, benutzen können. Stobbe a.a.D. pag. 86 hat ganz Recht, wenn er
meint, es müsse wol Schonhovii gelesen werden. Die Worte: Dono Joannis Tili-
qui has edidit sind mit derselben Tinte, und, wie ich gar nicht bezweifle, von
derselben Hand geschrieben, wie Antonii Schonhovii. — Die einzelnen Volksrechte
sind zwar besonders paginirt, daß sie aber zusammen im Druck erschienen, ergiebt
sich aus der Benutzung ein und desselben Papierbogens für verschiedene Stücke.

alfo überschlagen, es paßt eben nicht unter jene Ueberschrift, erhielt daher, mit seiner Stellung hinter 59, einen selbständigen Titel: De animali, quod damnum dat. Diese Umstellung, die einer systematischen Ordnung entspricht, kommt in keinem der übrigen vor, selbst den abhängigen cod. 5 nicht ausgenommen. Es ist dieses um so mehr zu beachten, da der cod. 4, trotz der besseren sachlichen Ordnung, das Cap. 58, b. h. eine Wiederholung von Cap. 56 aufnahm, wodurch allein wol schon bekundet ist, daß auch ihm derselbe Urtert, also auch dieselbe Eintheilung der Ler, wie den übrigen Codices zu Grunde lag.

Cod. 5. — Ausgabe von Lindenbrog 1613. Dieselbe hat keinen selbständigen Werth, wird vielmehr von mir nur noch angeführt, weil es stets geschieht. Ihr Werth verlor sich durch das Bekanntwerden des cod. 1, der Lindenbrogs manuscriptum vetu-stissimum gewesen sein muß, denn die Zusätze infra patriam u. s. w. finden sich auch hier. Daneben benutzte Lindenbrog die bereits erschienenen Ausgaben von Titius und Herold; jener, cod. 3, entnahm er Cap. 66 Satz 2 und 3, sowie die Paragrapheneintheilung, dieser, cod. 4, die Eintheilung in Titel, wobei aber die Ueberschriften zum Theil anders, correcter gefaßt wurden, während ein Versehen, wonach ein Titel zweimal gezählt ist, gleichfalls, jedoch an anderer Stelle, beibehalten blieb. Das Cap. 57 stellte Lindenbrog, nach den Codices 1 und 3 wieder an seine Stelle, nahm dann auch für 58 den Wortlaut von 3 und 4 auf, nicht von cod. 1. — Im Cap. 14 wurde nach cod. 3: interpremium aufgenommen, dann aber der rätselhaften Stelle, wol um sie, was freilich nicht gelungen, klarer zu machen, ein selbständiges quod eingefügt. Eine andere eigenthümliche Gestalt des Textes findet sich im Cap. 36, wo die Worte: litus 4 et conscius similiter fehlen. Ich halte dieses nur für eine grobe Nachlässigkeit.

Die Texte 1, 2, 3, 4 zeigen keine Abstammung von einander. Aber die gleichen Mängel in ihrer Redaction weisen auf eine gemeinsame Abstammung hin, entweder von einer schlechten Handschrift, oder, was wahrscheinlicher, von einem sehr mangelhaften Urtert. In allen vier Codices findet sich im Cap. 14 der viel besprochene Satz: Ruoda dicitur apud Saxones 120 solidi et in premium 120 solidi. Hier hat nur cod. 3: interpremium. Ferner treffen wir in allen Codices eine in den Text des Cap. 16 aufgenommene Gloſſe: „Litus occisus 120 solidis conponatur¹) — (mulcta vero vulnerum ejus, per omnia duodecima parte minor quam nobilis hominis solvatur autem²) solido majori) — vel si negat sua manu duodecima jurel. Dieſe Faſſung entſpricht den früheren Anſätzen, auch Cap. 17. Die eingeflammerte Gloſſe iſt, wie ſich ſpäter ergeben wird, von dem Verfaſſer der letzten ſechs Capitel an dieſer Stelle eingefügt. Auch die völlig räthſelhaften Worte am Schluß des Cap. 23: de reliquis werden in allen Codices ange-troffen. Beſonders wichtig für die Kritik iſt aber, daß das Cap. 56: Qui laqueum fossamve²) ad feras cnpiendas fecerit et haec damnum cuilibet fecerint, qui eas fecit mulctam solvat, faſt wörtlich als Cap. 58: Si fossa vel laqueus ad feras capiendas praeparata damnum quodlibet fecerint, a quo parata sunt componatur wieder aufgenommen iſt. Alle Codices ſtimmen hier wörtlich überein, nur im cod. 1 fehlt der entſprechende Nachſatz: a quo parata sunt componatur: wol weil der Schreiber plötzlich einſah, daß dieſes Geſetz bereits aufgenommen.

Auf Grund der Uebereinſtimmung und der Zuſätze läßt ſich die Genealogie der Texte mit einer, wol ziemlich ſicheren Genauig-keit angeben.

Dem Urtexte am nächſten wird cod. 4 geſtanden haben, wenn wir, was wol keinem Zweifel unterworfen, annehmen, daß ſeine Ein-theilung von Herolb gemacht iſt. Der Text findet ſich vollſtändig n allen anderen Texten. Herolb erhielt ſeinen Codex vom Abt Wolfgang von Fulda (1550 — 1558). In demſelben werden auch noch andere Volksrechte geſtanden haben, was am meiſten der An-nahme entgegenſtehen müßte, daß dieſer Herolbſche Codex der Ur-codex von allen anderen geweſen. Ich halte ihn für die ſorgfältigſte Abſchrift des Urtextes. Doch hindert freilich nichts eine Benützung deſ-ſelben durch cod. 1 und x anzunehmen. — Dem cod. 4 ſteht der cod. 1 am nächſten. Er giebt den vollſtändigen Text wie 1, nur im Cap. 58 hat er gekürzt. Dieſes, ſowie ſeine Zuſätze infra patriam u. ſ. w., beweiſen, daß keiner der anderen Codices ihn zu Grunde gelegt. — Die Co-bices 2 und 3 haben den in 4 und 1 fehlenden Satz 8 des Cap. 66

----

1) Fehlt im cod. 8.
2) So leſe ich entſchieden mit 2 und 4, nicht wie 1 und 3: aat.
3) Cod. 3 lieſt, wie Merkel überſah: Qui fossam vel laqueum, wodurch die Unhaltbarkeit noch größer wird. Die andere Lesart iſt jedoch vorzuziehen.

gemeinfam, find alfo unter einander verwanbt. Die Unabhängigkeit beiber von einanber wirb bann für cod. 2 burch feine Ueberfchrift vor Cap. 24 nab ben ihm eigenthümlichen Saß 4 beß Cap. 66, für cod. 3 aber burch interpramium, Cap. 14, unb burch ben Saß 2 beß Cap. 66, ben er allein hat, erwiefen. Es ftellt fich bemnach, inbem wir hierbei auch cod. 5 berücffichtigen, bie Ber= wanblfchaft in biefer Weife heraus:

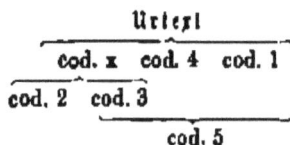

$$
\underbrace{\underbrace{\text{Urtext}}_{\underbrace{\text{cod. x}\quad \text{cod. 4}}_{\text{cod. 2}\quad\text{cod. 3}}\quad\text{cod. 1}}_{\text{cod. 5}}
$$

Befteht bie Lex Saxonum auß brei Theilen?

Im cod. 2 finbet fich, wie bemerft, vor bem Cap. 24 in Un= cialbuchftaben bie Ueberfchrift: Lex Francorum. Spangenberg, inbem er biefeß p. 181 berichtet, hat bereitß bie Bermuthung baran gefnüpft, baß bie vorangehenben Artifel „ben uralten fächfifchen Gefeßen unb Gewohnheiten, nachbem fie ber chriftlichen Religion angepaßt waren, angehörten, wogegen ber Reft vom 24. Capitel an, von ben fränfifchen Königen hinzugefügt fei". Dem hat fich bann Wiganb, im Archiv für ältere beulfche Gefchichtßfunde IV, 346, Femgericht p. 48 angefchloffen; er will bie vielfachen Tobeß= ftrafen auf bie fränfifche Gefeßgebung zurücfführen, alfo beren Ein= fluß nicht etwa auf einige Capitel ber Lex befchränfen. Gaupp hat bagegen p. 128 bie Ueberfchrift nur auf baß nächfte Capitel beziehen wollen, unb bem hat fich Gengler, Grunbriß p. 160 N. 98 ange= fchloffen. Beiben ift bie Lex eine einheitliche Aufzeichnung. Merfel bahingegen hält bie breifache Gefeßgebung, welche in ber Lex Saxonum enthalten, für unwiberleglich befunbet (Borrebe p. 6). Der erfte Theil gehe bis zum Cap. 24, ber zweite von ba bis zum Cap. 60, ber leßte umfaßt ben Reft. Merfelß Eintheilung fanb viele Anerfennung. Stobbe hat fie namentlich in ben Rechtßquellen I, 187 ff. weiter zu begründen gefucht, unb wenn auch Danielß, Staatengefchichte I, 266 wiberfprochen, unb Waiß fich B. G. III, 144 nur unentfchieben geäußert, fo gilt bie Anficht von Merfel doch dem neuesten Bearbeiter der Geschichte Karl des Großen und seiner Zeit, Sig. Abel 1, 344 für „erwiesen".

Die Wichtigkeit der fraglichen Ueberschrift, welche Veranlassung zu der Ansicht von drei Theilen geworden, muß schon als eine sehr geminderte erscheinen, da nach der obigen Untersuchung der cod. 2 weiter als die Codices 4 und 1 vom Urtexte entfernt ist und da ferner sein Schwestercodex 3, gleich jenen anderen, die Ueberschrift auch nicht hat. Dazu kommt nun noch, um die Bedeutung der Ueberschrift herab zu stimmen, daß der Schreiber des Codex auf dieselbe keineswegs viel Gewicht legt: er schreibt keineswegs, wie Merkel p. 5 bemerkt, eine Abtheilung des Volksrechts mit der Ueberschrift Lex Francorum aus, nummerirt vielmehr die Capitel, trotz derselben, ruhig weiter, während Merkel p. 6 gar daran gedacht hat, vornehmlich sich doch auf jene Ueberschrift stützend, den Text der Lex zu zerstückeln, um so der von ihm angenommenen chronologischen Folge durch Einschiebung der Capitulare gerecht zu werden.

Doch hat Merkel allerdings auch noch andere Gründe für seine Ansicht. Jene beiden äußeren Merkmale, heißt es p. 5, erlangen einerseits durch den Inhalt der Capitularien, andererseits durch die geschichtliche Nachricht Bedeutung, daß König Karl im Jahre 798 eine große Anzahl sächsischer Abliger als seine Geiseln außer Landes sandte.

Auf die letztere Ansicht, auf die auch ich einiges Gewicht lege, gehe ich hier nicht ein, da ich hier zunächst nur über die ersten 60 Capitel handeln will. — Im Voraus sei noch bemerkt, daß Merkels Ansicht von der auch sonst sehr verbreiteten Annahme ausgeht, daß die Lex Saxonum eine gewissermaßen officielle Aufzeichnung sei, was aber offenbar, weil sich zwischen der Lex und der karolingischen Gesetzgebung sehr viel Widerspruch findet, nicht richtig ist.

Nach Merkel ist der älteste Theil des sächsischen Volksrechtes (Cap. 1—20) ein verbrieftes Landrecht des herrschenden Stammes, ein Adelsstatut, dem die Capp. 21, 22, 23 angehängt sind. Dieses sei vor 765 geschehen, denn in dem Capitular, welches diesem Jahre zuzuweisen sei, werde im Cap. 33: De perjurio secundum legem Saxonorum sit bereits auf diese Lex Saxonum und insbesondere auf jene drei Capitel, von denen zwei über Meineid handeln, verwiesen. Deshalb könnten dieselben, so nahe es auch sonst liege, schon gar nicht dem zweiten Theile, der späteren Lex Francorum angereiht werden. Diese aber (Cap. 24—60) sei dann nach dem Jahre 785, jedoch vor dem Capitulare saxonicum von 797 aufgezeichnet.

Die betreffenden Capitel (21, 22, 23) zeigen ganz entschieden fränkischen Einfluß. Die Erwähnung der Kirche, sowie ihres besonderen Friedens, mehr noch, die Aufzählung der wichtigsten kirchlichen Feste, lassen voraussetzen, daß die Herrschaft des Christenthums als der rechtmäßige Zustand anerkannt ist. Will Merkel diese Capitel aber trotzdem nicht zur Lex Francorum nehmen, so muß er hier wol nur Einfluß des Christenthums, nicht Einfluß des Staates der Franken annehmen, unter deren Mitwirkung jedoch immerhin jenem Einflusse Geltung verschafft wäre[1]). Nun aber zeigt sich hier ein ganz entschieden politischer Einfluß, indem die Verletzung des Kirchenfriedens mit dem Bann, zweifelsohne dem Königsbann, bedroht wird; und dieser wird denn doch aller Wahrscheinlichkeit nach erst durch die Capitulatio de partibus Saxoniae von 785 eingeführt sein, also durch dasselbe Capitular, welches den ersten Theil der Lex Saxonum bereits voraussetzen soll. Diese Gründe sprechen gegen die Annahme, daß die Lex unter jener Lex Saxonorum des Capitulare zu verstehen sei.

Sonst ist allerdings in diesem s. g. ersten Theile der Lex wol vorzugsweise sächsisches Recht enthalten.

Für entschieden sächsisch halte ich, namentlich der so gewissenhaft angegebenen kleinen Bußen wegen, die Ansätze über die Bußgelder bei Verletzungen des Adligen. Daß wir diese, und nicht die des Freien hier aufgezählt finden, hat jedoch, wie sich unten ergeben wird, darin seinen Grund, daß die Franken den sächsischen Adel ihrem Vollfreien politisch gleich stellten. Auch alle folgenden Bestimmungen, namentlich die Angaben über die Faida halte ich entschieden für sächsisch. Dahingegen zeigt sich fränkischer Einfluß sicher im Cap. 21. Es ist aber das hier verkündete Recht kein für Sachsen geschaffenes, denn die Capitulare für Sachsen melden nichts von Todesstrafe für Todtschlag in der Kirche, wol war solches aber allgemeines Reichsrecht[2]). Ueber den sächsischen Kirchenfrieden, Kirchenfeste und den Bann wurde bereits oben gesprochen.

1) Daher nimmt er auch wol an, daß diese erste Aufzeichnung 782 stattgefunden, wofür er, wie Abel p. 348 meint, vielleicht den Reichstag in Lippspringe anführen wollte.
2) Cap. leg. add. 817, LL. I, 210, Cap. 1: Si quis hominem in ecclesia interfecerit, de vita componat. Die Folge zeigt, daß Todesstrafe gemeint ist.

Wichtig sind für die Prüfung der Ansicht von Merkel besonders die in den Capiteln 21 und 22 enthaltenen Bestimmungen über Meineid. Sind sie sächsisch, so fällt die Bedeutung der Berufung auf die Lex Saxonorum großentheils fort, denn Lex bedeutet, und das wird hier denn auch der Fall sein, sehr häufig einfach das Gewohnheitsrecht, so daß kein Grund vorhanden wäre, anzunehmen, daß das Capitulare sich auf sie habe beziehen müssen. — Abel scheint I, 347, Note 5 anzunehmen, bei Bestrafung von Meineid könne das alte Herkommen nicht gemeint sein: warum denn nicht? Eide wurden im Heidenthum gerade so gut geleistet, wie im Christenthum, das ganze gerichtliche Verfahren beruhte darauf (s. Grimm, Rechtsalth. p. 894). Slobbe meint, es sei nicht einzusehen, warum der König ausdrücklich erklären solle, daß es für die Bestrafung des Meineids beim bisherigen Gewohnheitsrecht verbleiben solle. Das ist aber sehr leicht einzusehen; der Grund der besonderen Erwähnung wird darin gelegen haben, daß der wissentliche Meineid bei den Sachsen, ihren sonstigen strengen Strafen entsprechend, sehr hart, wie die Lex angiebt, mit dem Tode bestraft wurde, während bei den Franken und den anderen germanischen Völkerschaften die Strafe des Abhauens der Hand, die sich in der Lex für unwissentlichen Meineid findet, Geltung hatte[1]). Der Cobex 1 versäumt daher auch nicht hinzuzufügen, anderswo sei es anders. — Eine ausdrückliche Bestätigung des strengen Gewohnheitsrechts hatte aber sicher darin seinen Grund, daß hinfort dem christlichen Eide dieselbe Bedeutung gesichert werden mußte, die früher der heidnische hatte. Das aber konnte nur durch eine Bestätigung der Strafen für Meineid geschehen. Es wurde damit indirec t gesagt, daß für Meineid das sonst im Reich gültige Strafrecht keine Anwendung finden solle, für Sachsen aber wurde die bisherige Bestrafung des Meineides bestätigt, obwol bei dem Eide hinfort nicht die alten heidnischen Götter, sondern der Gott der Christen anzurufen war. Mit der Verbindung des Eides mit dem Christenthum hängt es denn wol auch zusammen, daß in der Lex die Strafen für Meineid in unmittelbaren Zusammenhang mit Strafen für Störung des Kirchenfriedens gebracht werden; es entspricht dies ganz dem Capitulare, welches das Capitel über die Meineidigen

---

1) Vgl. Wilda, Strafrecht p. 974, der freilich der Ansicht von Knapp beipflichtet, daß diese strenge Bestrafung von Meineid fränkischem Einfluß zuzuschreiben sei.

bem folgen läßt, worin, unter anberem, bestimmt wirb, bie Eibe
follten in ber Kirche geleistet werben: Si cuilibet homini sacramentum debet aliquis, afrrameat illum ad ecclesiam ad diem
statutum. Sachliche Gründe können bemnach sicherlich nicht hinbern, unter
ber Lex Saxonorum bes Capitulars, wie bereits von Gaupp, Da-
niels, Waiß u. a. geschehen, nur bas sächsische Gewohnheitsrecht zu
verstehen. Ist bieses aber ber Fall, so lehrt sich bie Sache gerade
um, weil bann eher anzunehmen ist, baß bie Capitulatio bei Abfassung ber Lex benutzt wurde. Dieses ist allerbings auch wol nicht
geschehen; allein bie Bestimmungen über bie Bestrafung ber Mein-
eibigen konnten boch sehr wohl in bie Lex aufgenommen werben,
ohne baß ber Verfasser bie Bestätigung burch bie Capitulatio
kannte, wenn er nur wußte, baß bie Bestrafung gültiges Recht.
Auch bei ben anberen Bestimmungen, welche in ber Lex unb in
ber Capitulatio an einanber erinnern, ist burchaus nicht erforberlich
anzunehmen, bie eine Rechtsaufzeichnung habe aus ber anberen
entlehnt. Die Capitulatio sagt im Cap. 3: Si quis in ecclesiam
per violentiam intraverit, et in ea per vim vel furtu aliquid
abstulerit, vel ipsam ecclesiam igne cremaverit, morte moriatur. Dem entspricht theilweise bie Lex Cap. 21: Qui in ecclesia
hominem occiderit, vel aliquid furaverit, vel eam effregerit vel
sciens perjuraverit, capite puniatur. In beiben Gesetzen ist, in
Beziehung auf Kirchenfrevel, altsächsisches unb fränkisches Recht
vermischt. Die scharfen Strafen für ben Kirchenfrevel sinb fränkisch,
biese selbst aber entsprechen bem strengen sächsischen Strafrecht,
haben sich beshalb auch in Sachsen, trotz ber kurzen fränkischen
Herrschaft erhalten[1]). — Wenn nun aber bie Lex bem Capitular
bereits vorgelegen, wäre bann wol ein Anlaß gewesen, gerade biese
minber wichtigen Bestimmungen zu wieberholen, bei ben wichtigen
in Betreff bes Meineibes aber einfach auf bie Lex zu verweisen?
Hier müßte ich keinen Grund als etwa ben, baß bas Capitular für
bie Lex wieberholt, weil boch beren Fassung gerade an bieser Stelle
nichts weniger als glücklich ist, gar nicht in ber Art, wie sonst in
ben karolingischen Gesetzen, wo zwischen Kirchen- unb Staatssachen
im allgemeinen, wenigstens äußerlich boch sehr unterschieben wirb,

1) Sachspiegl. I, 13, 4.

was denn auch in den für Sachsen bestimmten Capitularien, wie wir sehen werden, deutlich zu bemerken.

Daß die Annahme dieses oder eines ähnlichen Grundes aber sicher in der Luft schweben würde, bedarf nicht der weiteren Ausführung. Er fällt auch sofort weg, wenn nachzuweisen ist, daß dieser f. g. erste Theil der Lex einmal auf das Engste mit dem f. g. zweiten zusammenhängt, und dann, daß die Lex, wie sie vorliegt, unmöglich als eine Art carolingisches Gesetz für Sachsen, als eine officielle Aufzeichnung betrachtet werden kann.

Der erste Theil der Lex, das wird wol Niemand bezweifeln, enthält in den besprochenen drei Capiteln sehr vermischt allsächsisches Gewohnheitsrecht und neues fränkisches Gesetzesrecht. Im zweiten aber ist es durchaus ebenso. Die Capp. 24 und 37 enthalten nur fränkisches, die Capp. 25, 26 und 36 geben, wie ähnlich früher schon in der Lex und in der Capitulatio, eng verbunden fränkisches und sächsisches Recht, die meisten übrigen Capitel nur letzteres. Dazu kommt nun noch, daß in der Wortstellung, in dem Ausdrucke des Sinns, in der sehr mangelhaften Ordnung des Stoffes, beide Theile nicht im mindesten von einander abweichen. Bedenkt man ferner, daß, wie erwähnt, die Zählung der Capitel in den Codices durch beide Theile durchgeht, daß in cod. 2 daran auch die oft genannte Ueberschrift nicht hindert, daß von dieser entschieden zu leugnen ist, daß sie in dem Urtexte gestanden, so wird wol sicher kein Anstand zu nehmen sein, die herkömmliche Theilung zu verwerfen. — Lex Francorum wird im cod. 2 nichts anderes zu bedeuten haben, als „fränkisches Recht", welches in reinster Form, neu dem sächsischen Rechtsbewußtsein, im Cap. 24 und 37 anzutreffen ist.

Das Gewicht der Gründe wird aber noch bedeutend dadurch erhöht, daß beide Theile, wovon unten weiter zu handeln ist, sich gleich zu der fränkischen Gesetzgebung verhalten, d. h. beide nicht damit in Uebereinstimmung zu bringen sind. Dadurch unterscheiden sich beide Theile, von anderen hier abzusehen, auch von dem dritten, zu dem ich mich nun wende.

Der nach Merkels Annahme f. g. dritte Theil der Lex Saxonum umfaßt die Capitel 61—66. Nicht allein der Inhalt, sondern auch der Ausdruck weicht hier ganz erheblich von dem früheren Theile ab. Die Fassung ist freier und doch präciser. Entscheidend für seine Besonderheit ist aber nur der Inhalt.

Sehen wir von den beiden letzten Capiteln ab, so enthalten

die anderen nur Bestimmungen, die sich auf den Grundbesitz beziehen. Mehrere aber von denen sind augenscheinlich nur transito-
rischer Art. Bei näherer Untersuchung werden sich alle als solche
ergeben.

Der Widerstand der Sachsen wurde schließlich nicht am wenigsten von Karl dem Großen durch eine massenhafte Fortführung
derselben aus ihrer Heimath gebrochen[1]. Das Schicksal hat nicht
allein Ungetreue getroffen, sondern scheint ohne Auswahl district-
weise vorgenommen zu sein, denn neben Untreuen wurden auch
solche abgeführt, die sich den wiederhollen Aufständen nicht angeschlossen. Nur dadurch ist es zu erklären, daß die Fortgeführten
ihren Grundbesitz behalten. Das Cap. 64 der Lex zeigt offenbar,
daß ein Edler sein dingliches Recht am Grundbesitz durch die Fortführung nicht verlor, daß vielmehr der König für die Wahrnehmung
dieses Rechtes sorgte: der Freie, welcher sich sub tutela eines Edlen befindet, qui jam in exilium missus est, soll sein Erbe nicht
jedem Beliebigen verlaufen dürfen, muß vielmehr zuvor dasselbe
tutori suo, vel ei, qui tunc a rege super ipsas res constitutus
est anbieten. Es liegt dafür auch ein besonderer Fall vor. Ein
Sachse klagte Ludwig dem Frommen, daß ihm seine hereditas
primo elongata et adhuc etiam abstracta sei. Sein Vater und
Oheim hätten dem Kaiser Karl gedient, und dadurch all das Ihrige
verloren. Darauf sei der Vater mit seiner Frau aus Sachsen fort-
geführt (educti) und im Exil gestorben, ohne seine Güter (seine
paterna hereditas) wieder erlangt zu haben. Falls der Vater ein
Ungetreuer gewesen wäre, hätte der Sohn aber keinen Anspruch auf
das Erbe gehabt, dann wäre dasselbe verfallen gewesen[2], und der
Sohn hätte sicher eher Gnade als sein Recht von dem Kaiser er-
beten. Dieses geschieht aber, und es wird dabei eine Untersuchung
per fideles gefordert: utrum juste ad nos hereditas pertinere
debeat an non. Der Bittsteller beruft sich dabei eigens auf die
testes de ipsis pagis, qui hanc rem bene sciunt et eam dete-
gere veraciter valebunt[3]. Daran kann also kein Zweifel sein:

1) Vgl. Waitz III, 129, der auch die wichtigsten Quellenstellen abdrucken ließ.
2) Wenn es dafür noch eines Beweises bedürfte, würde solcher klar in den
Urkunde Ludwigs bei Schaten, Annal Paderb. 1. Aufl. I, 66 liegen; vgl. auch
die Urkunden Origg. Guelf. IV, 411 und 549.
3) S. den Brief jetzt Epist. Mogunt. n. 4, Jaffé, Bibl. III, 319. — Die
Annal. Laurisch. zu 799, SS. I, 38 widersprechen hier nicht, denn ein großer

15

durch die bloße Fortführung war das väterliche Erbe dem Fiscus
noch nicht verfallen.

Aber auch abgesehen von diesen Verhältnissen: es müssen durch
die massenhafte Fortführung der Grundeigenthümer sich eine Menge
von rechtlich begründeten Zuständen in Sachsen geändert haben.
Wie mancher Ungetreue mag im letzten Augenblick der Confiscation
seiner Güter durch schnellen Verkauf haben entgehen wollen, wie
mancher andere mag, aus dem Exil zurückgekehrt, sein Land von
einem anderen occupirt gefunden haben?

Auf diese Zustände beziehen sich die letzten Capitel der Lex.
Nur so haben sie Sinn. Was soll im Cap. 61 die Bestimmung:
„Traditiones et venditiones omnes legitimae stabiles permane-
ant" für das gewöhnliche Leben bedeuten? Sinn erhält sie erst,
wenn wir an den häufigen Wechsel denken, dem in jener Zeit das
Recht am Grundbesitz, oft wol in der formlosesten Weise, unterlag.
Auch bei dem Cap. 62 lassen sich manche Verhältnisse denken, die
mit einem solchen Wechsel in Zusammenhang standen: Nulli liceat
traditionem hereditatis suae facere praeter ad ecclesiam vel
regi, ut heredem suum exheredem faciat, nisi forte famis ne-
cessitate coactus, ut ab illo, qui hoc acceperit, sustentetur.
mancipia liceat illi dare et vendere. Doch mag hier auch sächsisches Recht mit von Einfluß gewesen sein. Wichtiger ist Cap. 63:
Qui terram suam occupatam ab altero dixerit, adhibitis idoneis
testibus probet eam suam fuisse. Si occupator contradixerit,
campo dijudicetur. Si occupator sibi concrediderit, reddat hoc,
quod occupavit, non amplius. Das Capitel erinnert an Capitel
39 der Lex: Qui alteri dolose per sacramentum res proprias
tollere vult, duobus vel tribus de eadem provincia idoneis
testibus vincatur, et si plures fuerint, melius est. Es scheint
eine weitere Ausführung zu sein. Daß der Fall, der hier vorgesehen, bei solchen, die ins Exil gesandt und später zurückkamen,
gar nicht selten vorkam, ist gewiß anzunehmen. Noch bestimmter
ist dann freilich das Cap. 64, wo verfügt wird, wie das Recht der
nobiles, qui jam in exilium missi sunt, den Freien gegenüber,
die in ihrer tutela stehen, gewahrt werden soll.

Theil des Grundbesitzes wurde wirklich eingezogen, und mag dann auch für die
episcopi, presbyteri, comites et alii vassi genügt haben. — Sollte sich das jus
paternae hereditatis in der Vita Illudow. Cap. 21, nicht auf solche Güter beziehen? Wären die Güter an Andere ausgetheilt gewesen, so hätte eine umfassende
Restitution doch schwerlich stattfinden können.

16

Wenn hier alsdann diesen Bestimmungen noch ein Capitel über die Liten des Königs angehängt wurde: Lito regis liceat uxorem emere ubicunque voluerit, sed non liceat ullam feminam vendere, so mag solches mit den massenhaften Confiscationen zusammenhängen, wodurch der König aber viel Liten in Sachsen erhielt. Das Capitel giebt dann dasselbe Recht, welches die Liten des Königs auch sonst im Frankenreich hatten;[1]). Von Sachsenrecht kann keine Rede sein.

Das Capitel 66, über die sächsischen Solibi, wird seine ganz besondere Bewandtniß haben, worauf ich hier noch nicht eingehen kann. Es ist aber auch sehr wichtig, um diesen Theil der Lex als einen besonderen zu erkennen.

Aus Form und Inhalt dieses letzten Theiles der Lex schließe ich, daß derselbe einen anderen zum Verfasser hat als der frühere. Auch die Aufnahme des Cap. 63 führt mich dazu, indem es ja eine theilweise Wiederholung des Cap. 39 ist. Entscheidend ist aber, daß die eingeschobene Glosse im Cap. 16 mit diesem letzten Theile große Verwandtschaft zeigt. Daß dieselbe dort den Sinn stört, später eingeschoben ist, kann wol nicht bezweifelt werden[2]). Nun wird aber in der Lex Saxonum der Edle regelmäßig nur nobilia, s. Cap. 1, 14, 17, 18, 20, 36, 64, der Freie liber genannt, Cap. 17 und 36; nur in jener Glosse heißt der Edle: nobilis homo, und im Cap. 64 der Freie liber homo. Beide Ausdrücke entsprechen sich und auch dem Sprachgebrauch der karolingischen Gesetze für Sachsen, s. Capitul. de partibus Sax. Cap. 16, Bruchstücke eines Capitulars bei Anseg., App. II, Cap. 34, 35; LL. I, 324. Außerdem kommt hier nun noch als sehr wichtiger Umstand in Betracht, daß im Cap. 16 der doppelte Solibus des Cap. 66 vorkommt, während sich sonst von dieser ganz nichtigen Rechnungsmünze in der Lex keine Spur findet, obwol vielfach Anlaß sein müßte, zu sagen, ob solidi majores oder minores gemeint seien. Endlich werden hier, ganz im Gegensatz zum übrigen Theile der Lex, die Unfreien mancipia, nicht servi genannt.

Die Frage, wann diese letzten Capitel der Lex hinzugefügt, läßt sich nicht entscheiden. Es muß aber sehr bald nach der Abfassung des früheren Theiles der Lex, welcher bis Cap. 60 von einer Hand geschrieben wurde, geschehen sein, da das Exil noch

1) Walz IV, 296. 2) Siehe oben S. 6 f.

eine große Bedeutung hatte. Die früheren Capitel aber sind, wie sich ergeben wird, nach 797, ja sogar nach 803, jedoch wol vor 811 abgefaßt.

Die Lex Saxonum
und
die karolingische Gesetzgebung, insbesondere für Sachsen.

Die Lex Saxonum will das Recht eines deutschen Volks-stammes darstellen, der gleichzeitig in den Verband des fränkischen Reiches aufgenommen wurde, und für den, um Christenthum und fränkische Herrschaft rasch Wurzeln fassen zu lassen, ebenfalls zu derselben Zeit eigene Gesetze erlassen sind, die zum Theil nur vor-übergehende Bedeutung haben konnten. Sie wurde außerdem in einer Zeit niedergeschrieben, wo neue Ideen über die Aufgabe von Kirche und Staat zum Siege gelangt waren, und in einer um-fassenden Reichsgesetzgebung ihren Ausdruck fanden, die theils den bestehenden Zuständen gesetzliche Anerkennung verschaffte, theils auch solche, wie sie den herrschenden Anschauungen entsprachen, herstellen sollte.

Keine Frage: wenn die Lex Saxonum das von der Regierung anerkannte Recht der Sachsen enthält, so muß sie mit den Gesetzen, die für Sachsen erlassen, in Uebereinstimmung sein. Die Regierung kann z. B. nicht die Faida bei schwerer Strafe durch ihre Gesetze verboten, Beachtung des Asylrechts geboten, und dann durch die Lex Bestimmungen getroffen haben, wie es mit der ersteren, als einer anerkannten Institution des öffentlichen Rechts gehalten wer-den solle, daß kein Asylrecht Anerkennung habe u. s. w. Und auch das läßt sich noch bestimmt annehmen, daß durch die Lex Saxonum nicht Reichsrecht geschaffen werden durfte, welches dem fränkischen, soweit es nicht etwa durch besondere Gesetze für Sachsen abgeändert war, entgegen stand. Das aber wäre, wie jenes erstere der Fall, wenn die Lex Saxonum eine, unter Mitwirkung der Regierung verfaßte Rechtsaufzeichnung wäre, und demnach Gesetzeskraft bean-spruchen könnte.

Zunächst von der Rache. Die allgemeine Gesetzgebung „be-mühte sich überall, die gesetzlichen Bußen zur Anwendung zu brin-gen, um damit die Rache auszuschließen".[1]. Mit schweren Strafen

---

1) Waitz V. G. IV, 481.

wurden diejenigen bedroht, welche die geſetzliche Compoſition entweder nicht annahmen, oder nicht zahlen wollten, die Zahlung der-
ſelben ſollte der rechtliche, der geſetzliche Zuſtand ſein[1]. Bei den
Stämmen, welche dem fränkiſchen Reiche bereits länger angehört,
und daher auch ſchon länger dem Einfluſſe des Chriſtenthums aus-
geſetzt waren, bot jenes weniger Schwierigkeit dar. Anders aber
bei Frieſen und Sachſen.

In den Geſetzen für Sachſen ward daher auf das Verbot der
Rache auch eigens Rückſicht genommen. Die Verhütung der Rache
ward beſonders hervorgehoben, während ſonſt nur von Aufrechthal-
tung des Friedens die Rede iſt. So in der Capitul. de partib.
Saxon. Cap. 31, wo dem Grafen der Königsbann, außer für die
majores causae auch de ſaida gegeben wird; in dem Capitul.
saxonic. Cap. 8 läßt ſich der König das Recht geben: quando-
quidem voluit, propter pacem et propter ſaidam[2]) et propter
majores, causas bannum fortiorem statuere. Es iſt alſo keines-

---

1) Das ſcheint mir von Walß IV, 433 nicht genügend berückſichtigt zu ſein,
wenn er behauptet: „einzelne Geſetze der Karolinger nehmen fortwährend Bezug
auf die Rache als an ſich nicht unzuläſſig oder ſtrafbar". Die Belegſtellen paſſen
nicht recht; Capit. de extra., Cap. 6, LL. I, 170 (daſſelbe iſt überhaupt ſehr
zweideutiger Art ſ. Borellus. Die Capitularien im Longobardenreich p. 98): Es
iſt von Widerſpenſtigen bei der Heerfahrt die Rede. Si vero, heißt es da, quis-
plam in sua superbia adeo contenderit, et ibidem interfectus sit, incompo-
situs jaceat, et neque senior, neque propinqui ejus pro hoc ullam ſaidam
portet. Wäre hier Rache zuläſſig geweſen, ſo dürfte ſie oder Compoſition eintreten
müſſen: beides wird aber, wie bei einem gefallenen Räuber unterſagt. Vgl.
ſämmtliche von Walß p. 434 angeführte Stellen. Es iſt z. B. ganz daſſelbe im
Capit. Cariſia. Cap. 2, p. 519, für den Räuber verfügt: qui eum occiderit
leudem inde non solvat et nullus illi inde ſaidam portare praesumat, oder
Capit. ap. Vern. Cap. 10, p. 553: nulli, qui eum occiderit, aliquis ſaidam
portet, neque pro ejus morte aliquid componat. Auch im Capit. Caria. Cap. 3,
p. 519 vermag ich die Auffaſſung von Walß nicht zu finden: quem aut parentes, aut propter ſaidam homines accusare noluerint, aut aut non fuerint,
et cum malefacto comprehensus etc. Es handelt ſich hier, um einen angeblichen
oder wirklichen Miſſethäter, den anzuklagen die homines (nicht die parentes, auf
die würde ſelbſtverſtändlich ſaida nicht paſſen) propter ſaidam nicht wagen:
von einem ſolchen iſt nämlich zu erwarten, daß er von einem Verbrechen in das
andere verfällt, etwa von Räuberei zur Rache dafür übergeht, daß er angeklagt
wurde. Man kann die Stelle auch ſo verſtehen: Der Verbrecher wird klagerück-
tet, und nun ſuchen ſich ſeine Verwandten an dem Ankläger zu rächen, weshalb
ſich ſchwer ſolche finden, die anklagen. — An anderen Stellen, wo vindicta
ſteht, ſcheint mir von der Pflicht der Obrigkeit die Rede zu ſein „gegen Verbrecher gewiſſermaßen Rache zu üben" wie Walß IV, 447 ſich ausdrückt; dahin
gehört Conv. 8. Quint. Cap. 1, p. 457, wo dieſe öffentliche vindicta der privaten
compositio gegenüberſteht.

2) Der Vorderer Codex (2 bei Merkel) läßt dieſe Worte freilich aus, allein der-
artiges geſchieht häufiger, bis zur völligen Sinnentſtellung von ihm.

wegs von dem fränkischen Reiche die Fortbauer der Faida bei den Sachsen anerkannt. Auch wenn, wie doch vielfach und vielleicht nicht mit Unrecht angenommen wird[1]), das Wergeld der Freien bei den Sachsen durch Karl den Großen erhöht wurde, so hängt dieses sicher mit dem Bestreben zusammen, Composition an die Stelle der Faida treten zu lassen.

Die Lex Saxonum behandelt die Rache ganz anders. Nach Cap. 18 ist der Herr des Liten, der auf seinen Befehl einen Todschlag beging, verpflichtet, entweder die Composition zu zahlen, oder die Faida zu tragen. Handelte der Lite aus eigenem Antriebe, so vindicetur in illo et aliis septem consanguineis ejus a propinquis occisi. Das Cap. 19 theilt mit, was faidosus bei einem Mord ist[2]). Cap. 27 verhängt Todesstrafe gegen den, welcher einen Menschen propter saidam in propria domo tödtet. Endlich hat auch noch die Bestimmung der Cap. 57 und 59, wonach bei willenloser Tödtung[3]) die Faiba ausgeschlossen ist (componat excepta faida) die rechtliche Zulassung der letzteren für den entgegenstehenden Fall zur nothwendigen Voraussetzung.

Alle diese Bestimmungen der Lex zeigen einen schroffen Widerspruch zwischen ihr und der karolingischen Gesetzgebung. Es zeigt sich dabei nur im Cap. 27 ein Bestreben der Rache entgegen zu wirken, von dem es aber auch noch zweifelhaft ist, ob es fränkischem Einfluß, wie vielleicht in der Lex der Friesen, oder einer Milderung der Sitte zuzuschreiben ist. Der besondere Frieden, welcher nach Cap. 21, 23, 37 infolge der fränkischen Herrschaft aufgerichtet war, kam allerdings auch den faidosi zu statten, doch war sein Grund ein ganz anderer als der, der Rache entgegen zu treten.

Die verschiedenartige Behandlung der Faiba in der Lex und den Capitularien ist gerade deshalb so bemerkenswerth, weil mit der äußersten Strenge von Karl die Einführung von kirchlichem und christlichem Leben in Sachsen verlangt wurde, und weil die Geistlichkeit die Unterdrückung der Rache als eine Pflicht des christlichen Staates forderte[4]). Ihrem Einflusse wird es auch nicht am wenigsten beizumessen sein, daß das Verbot der Rache, wie wir es in

1) Ich denke an die Auslegung des wunderbaren Cap. 14, worüber ich unten handeln werde.
2) Vgl. Walz I, 2. Aufl. 71.
3) Vgl. Siegel, Gerichtsverfahren p. 11.
4) Vgl. Poult. episcop. 829, Cap. 9; LL. I, 340.

ben Capitularien finden, wirkſam wurbe, benn barauf möchte es boch wol zu ſchieben ſein, wenn wir bie altgermaniſche Rache im ſpäteren Mittelalter nur noch bei ben nördlichen, beſonbers ben norbalbingiſchen Sachſen antreffen, bie, feinblich geſinnt unb weil entfernt wie ſie waren, am wenigſten vom fränkiſchen Einfluß berührt wurben.

Eine anbere, vielleicht nicht minber wichtige Abweichung ber Lex von bem Geſetzesrecht, wie es in ben Capitularien vorliegt, betrifft bas Aſylrecht. In ber Capit. de partib. Saxon. Cap. 2 heißt es: Si quis confugia fecerit in ecclesiam, nullus eum de ecclesia per violentiam expellere praesumat, sed pacem habeat usque dum ad placitum praesentetur, et propter honorem Dei sanctorumque ecclesiae ipsius reverentiam concedatur ei vita et omnia membra; emendat autem causam in quantum potuerit et ei fuerit judicatum, et sic ducatur ad praesentiam regis et ipse eum mittat, ubi clementiae ipsius placuerit. Das Aſylrecht ber Kirche wirb hier nicht allein im welteſten Umfange verkünbet, ſonbern es wirb auch Erlaß ber Tobesſtrafe in Ausſicht geſtellt, falls von jenem Gebrauch gemacht wirb. Es entſpricht bies ganz ben Verfügungen ber Cap. 4 unb 14, wonach Fürſprache ber Geiſtlichen Tobesſtrafe abwenben kann, was zweifelsohne bamit zuſammen hängt, baß ber neuen Religion auf ſolche Weiſe mehr Anſehen verſchafft werben ſollte [1]). Um ſo bezeichnenber iſt es aber, baß bie Lex Saxonum gerabe bas Gegentheil von bem hat, was bas Capitular ſagt; Cap. 26: Capitis damnatus nusquam habeat pacem. Si in ecclesiam confugerit, reddatur. Der erſte Satz enthält wol ſicher altſächſiſches Recht, wenn auch vielleicht mit ber Beſchränkung bes Friebens im eigenen Hauſe, von bem Cap. 27 ſpricht. Der zweite Satz jeboch enthält, bie ecclesia weiſt ſchon barauf hin, fränkiſches b. h. jüngeres Recht, es weicht aber ab von bem oben beſprochenen Geſetzesrecht, bas eigens für Sachſen geſchaffen war. In bem übrigen Frankenreiche gilt in bieſer Beziehung ganz anberes Recht; ba ſuchte bie Regierung bas Aſylrecht ber Kirchen zu beſchränken unb hat barüber in manchem Geſetze Beſtimmungen getroffen [2]). Wol glaublich mag es ſcheinen, baß ber

1) Vgl. Waitz III, 125.
2) Vgl. Wilda p. 542; Waitz IV, 429. — Gaupp p. 129 hebt gerabe in Beziehung auf bie Lex hervor, baß bie Beſchränkung bes kirchlichen Aſylrechts

zweite Satz des Cap. 28 von fränkischer Anschauung dictirt wurde,
die hier keine Rücksicht darauf nahm, daß für Sachsen politische
Gründe dem Asylrecht eine größere Ausdehnung gegeben hatten,
als im fränkischen Reiche sonst für zweckmäßig gehalten wurde.

Auch in den Strafansätzen wegen Brandstiftung ist zwischen
der Lex und den Capitularien ein sehr bemerkenswerther Unterschied.
Eine alltägliche Strafe, die in dem wenig geordneten Zustande
auch wol zuweilen von dem Privatmanne ausgeübt werden mochte,
um so Wiedervergeltung zu finden, war das Niederbrennen des
Hauses. König Karl hat die gesetzliche Anwendung dieser Strafe
durch Cap. 8 des Capitul. saxonic. zu regeln gesucht. Jede eigenmächtige Brandstiftung propter iram et inimicitiam aut quamli-
bet malivolam cupiditatem wurde untersagt. Alsdann findet sich
vorgeschrieben, wie durch das Niederbrennen des Hauses gegen den
verfahren werden soll, der in keiner Weise zu Recht stehen will,
worauf das Capitel mit der Strafandrohung gegen den schließt,
welcher, abgesehen von jenem Fall, Feuer anlegt: Si aliter quis
incendium facere ausus fuerit, sicut superius dictum est, solidos sexaginta componat. Es wird hier auf den Königsbann wegen Brandstifting verwiesen, von dem superius, im Cap. 1, gehandelt, und dabei auch durch ein eingeschobenes praesumtive auf die
zulässige Niederbrennung des Hauses eines anderen hingewiesen ist.
Auch die Lex Saxonum unterscheidet zwischen eigenmächtiger und
anderer Brandstiftung; Cap. 38: Qui domum alterius vel nocte
vel interdiu, suo tantum consilio volens, incenderit, allein sie
verhängt nicht, wie das Capitular, über einen solchen Frevler die
Strafe des Banns, sondern: capite puniatur[1].

Diese strenge Strafe für Brandstiftung entsprach den Anschauungen bei den übrigen Völkern des fränkischen Reiches durchaus nicht[2], weshalb der Schreiber des cod. 1 auch nicht versäumt
sein: in qualicumque loco est, secundum illorum legem hinzuzufügen. Sächsischen Anschauungen entsprach sie aber zweifelsohne,
denn trotz der abweichenden gesetzlichen Verfügung Karl des

dem Geiste der karolingischen Gesetzgebung völlig angemessen sei. Wenn er dann
aber zur Erläuterung Capit. de part. Cap. 14 und nicht Cap. 2 hervorhebt, so
heißt das die Schwierigkeiten umgehen, nicht beseitigen.
1) Das ist bereits von Stobbe, Rechtsquellen I, 191 bemerkt worden.
2) Wilda p. 940 ff.

Großen, erhielt sich Todesstrafe für Brandstiftung bei den Sachsen¹).

Verhältnißmäßig am härtesten sind in der Lex die Strafen für Diebstahl, welche sich ebenfalls noch viele Jahrhunderte lang in Geltung hielten. Daß sie durch Karl den Großen abgeändert, ist aus keinem Capitular zu ersehen; es fällt aber allerdings gegenüber dem neunfachen Schadenersatz im Cap. 36 der Lex, die Bestimmung des Capitul. saxon. Cap. 6 auf, wonach: si aliquid presbyteris quis contrarium facere aut tollere praesumpserit contra justitiam, derselbe alles doppelt zu ersetzen hat. Doch wird sich die Stelle wahrscheinlich auf den Grundbesitz beziehen.

Ganz wunderbar nimmt sich in der Lex Cap. 37 aus: Qui homini in hoste vel de hoste, ad palatium vel de palatio pergenti malum aliquod fecerit, in triplo componat. Aus den Capitularien könnte damit höchstens Capit. de part. Cap. 26 zusammengestellt werden, wonach der Königsbann gezahlt werden soll, wenn der Weg an den Hof gehindert werde. Auffallend ist es nur, daß die Lex, wie es scheint, hier veraltetes Recht des Reiches aufgezeichnet hat, es kommt wenigstens jene dreifache Buße in den karolingischen Gesetzen für die angegebenen Fälle nicht mehr vor²).

Uebereinstimmung zwischen den für Sachsen erlassenen Gesetzen und der Lex findet sich sehr wenig. Die Stellen über Diebstahl in der Kirche u. s. w. sind bereits³) zusammen gestellt. Sie erinnern an einander, brauchen aber nicht von einander abzuhängen. Wol aber könnte man solches auf den ersten Blick hin vom Cap. 25 der Lex: Qui dominum suum occiderit, capite puniatur, verglichen mit Capitul. de partib. Sax. Cap. 13 annehmen: Si quis dominum suum vel dominam suam interfecerit, (capitali sententia) punietur. Die wörtliche Uebereinstimmung ist jedoch nur Folge des einfachen Inhalts beider Capitel, worauf auch die Nichterwähnung des Todschlages der domina führen muß. Eine entfernte sachliche Uebereinstimmung ist ferner zwischen Cap. 11 des Capitulars: Si quis domino regi infidelis apparuerit capitali sententia punietur und dem Cap. 24 der Lex: Qui in regnum vel in regem Franco-

---

1) Sie findet sich z. B. im Cap. 20 der Friedensurkunde LL. II, 268, die ich mit Homeyer, Sspgl. II, 1, 97 in dem Anfang Heinrich V. sehe; später Sspgl. II, 13, 4 und 5.
2) Vgl. Waitz IV, 466, 278.
3) S. oben S. 12.

rum vel filios ejus de morte consiliatos fuerit, capite punietur.
Der Begriff des Capitulars ist viel weiter und entspricht der Auf-
fassung des Verhältnisses zwischen dem Staatsoberhaupte und dem
Unterthan, wie wir es in der karolingischen Gesetzgebung finden,
sowie den weiteren Bestimmungen über Hoch- und Landesverrath.
Die abweichende Fassung der Lex kann unmöglich von demselben
Gesetzgeber sein, von dem das Capitular ist. Dann hat man noch
Uebereinstimmung zwischen Capitul. de part. Cap. 12: Si quis
filiam domini sui rapuerit, morte moriatur, und Lex Cap. 26: Qui
filiam domini sui occiderit vel filiam aut uxorem aut matrem
stupraverit, juxta voluntatem domini occidatur, finden wollen.
Allein auch hier ist nur eine dazu noch ziemlich entfernte Aehnlichkeit des Inhalts, welcher auf beiden Seiten Weiterungen und Ein-
engungen aufzuweisen hat, vorhanden. Schließlich sei noch erwähnt,
daß auch auf die Anordnung der fraglichen Capitel in beiden Aufzeichnungen Werth gelegt ist, um die Abhängigkeit beider zu erwei-
sen[1]. Allein die Anordnung ist gerade eine auffallend abweichende,
indem das Capitular unerklärlicher Weise das Capitel über den
Raub der Tochter vor dem über Tödtung des Herrn stellt, was
von der Lex mit dem Capitel ähnlichen Inhalts nicht wiederholt
wird. Auch für die Stellung in der Lex gilt sonst ganz dasselbe
als für die Fassung: ein ähnlicher Inhalt ergab hier wie dort
Anwendung ähnlicher Worte und ähnliche Anordnung.

Nun sind in diesem Zusammenhange nur noch die Nachrichten
des Capitulare saxonicum und der Lex Saxonum über das
Münzwesen zu vergleichen, denn auch sie bieten einige Aehnlichkeit
dar. Das Verständniß der Nachrichten erfordert aber, sie in ihrem
ganzen Zusammenhange zu erörtern.

Geld als Werthmaßstab ist bei den Sachsen erst durch ihre
Unterwerfung von den Franken eingeführt. Bis dahin herrschte bei
ihnen zweifelsohne geldloser Tauschhandel, in dem der junge Ochse
die Wertheinheit bildete. Es ergiebt sich dies aus dem Capitul.
saxon. Cap. 11, wo der Werth des Ochsen, und daneben auch von
mehreren Getreidesorten und Honig, in fränkischem Gelde angegeben
wird, um, wie nicht zu bezweifeln ist, durch diese Fixirung von
Werthen einen Maßstab zu haben, bis dahin, wo Münzen als
Werthmaßstab und Werthträger allgemein Anerkennung finden

---

1) Stobbe, Rechtsquellen I, 191.

würden. Hätten die Sachsen — was aber auch dem ganzen Culturzustande widersprechen würde, in dem wir sie antreffen, — bereits selbst Geld gehabt, so hätte es hier verglichen werden müssen. Anstatt dessen wird einfach nur der fränkische Silbersolibus von 12 Denaren eingeführt[1]. In argento duodecim denarios solidum faciant. In ihm, nicht etwa in einem sächsischen Solibus sind also auch jene Preise angegeben, und es wird dabei für die Zahlung der Compositio, wofür das Geld an erster Stelle in Betracht kam, eigens hinzugefügt, nach jenen Preisen in diesen Solibi solle sich alle andere Werthschätzung richten: Et in aliis speciebus ad istum pretium omnem aestimationem compositionis sunt.

Weil nun aber auf solche Weise der Werth von Vieh und Getreide bei den Sachsen auf den fränkischen Solibus zurückgeführt war, so werden die so firirten Werthe in dem Capitular selbst solidi Saxonum genannt: Illud notandum est, quales debent solidi esse Saxonum. Die Mehrtheil erklärt sich aus der Mehrheit der gegebenen Werthe; doch wäre es auch möglich, daß sich diese verschiedenen solidi auf die verschiedenen Werthe von Vieh, Getreide und Honig bei den verschiedenen Stämmen beziehen sollen.

Die Lex Saxonum spricht gleichfalls von mehreren Solibi, nämlich von zweien: Solidus est duplex; unus habet duos tremisses, quod est bos anniculus duodecim mensium vel ovis cum agno, alter solidus tres tremisses, id est bos 16 mensium. Für den verschiedenen Werth zweier Sachen ist hier also ein Name des Werthmaßes beibehalten, aber der Werth desselben, entsprechend, wie die Ley meint, erhöht. Thatsächlich sind hier verschiedene Werthangaben vorhanden, gemessen an ein und demselben Werthmesser, jedoch ausgedrückt in dessen Unterabtheilungen. Daß die Sachsen früher den Werth von zwei Tremissen einen Solibus genannt[2], ist entschieden nicht anzunehmen, da einmal der Solibus bei ihnen erst durch die Franken eingeführt sein wird, und da sonst Inhalt und besonders auch Werthbestimmung in dem Capitular ganz anders sein müßten. Drei Tremisse aber, die in der Ley major solidus genannt werden, sind der eigentliche, fränkische Solibus, für den, neben der Eintheilung in Denare, auch die in Tre-

---

1) Ueber die Ansätze des Capit. 816, Cap. 2, LL. I, 196 f. unten.
2) Dies ist die Meinung von Walz, Abhandlungen der Gesellsch. der Wissenschaften zu Göttingen vom Jahre 1860, p. 255.

miffe, zu je vier Denaren beſtand. — Dieſe verſchiedenen Soliti
in der Ler können daher nur dieſelbe Bedeutung haben, wie im
Capitulare die solidi Saxonum; ſie bezeichnen verſchiedene Werthe,
deren Verſchiedenheit im Bußſyſtem der Sachſen in Betracht
kommen mochte.

Wenn es noch eines Beweiſes bedürfte, fehlt uns auch der
nicht, daß bei den Sachſen, wie bei den Franken und anderen der
Solidus drei Tremiſſe hatte. Es wird uns ſolches ausdrücklich be-
zeugt[2]). Es iſt alſo auch deshalb anzunehmen, daß die Nachricht,
die Sachſen hätten einen Solidus von zwei Tremiſſen gehabt, nicht richtig iſt. Die Eintheilung des Solidus bei den Sachſen in Denare, wie
wir ſie im Cap. 36 der Ler finden, ſpricht nun noch außerdem dafür, daß
ein und derſelbe Begriff dem Ausdruck Solidus bei Sachſen und
Franken zu Grunde lag.

Der praktiſche Grund, weshalb Cap. 66 der zwiefache Solidus
genannt wird, ſoll dann in der verſchiedenen Anwendung beſtehen,
welche von beiden bei den Bußen gemacht wird. Es heißt da:
majori solido aliae compositiones, minori homicidia componuntur.
Die Beſtimmung ſteht im Widerſpruche mit dem letzten angeführten
Satz des Capitulars von 797, wonach omnis aestimatio compositionis nach dem Solidus zu 12 Denaren ſtattfinden ſoll, deſſen
Werth vorher durch die wichtigſten Landesproducte feſtgeſtellt. Die
Glaubwürdigkeit der Nachricht der Ler muß hierdurch wieder er-
ſchüttert werden, denn wir denken hierbei unwillkürlich von neuem
an all den Widerſpruch, der ſich zwiſchen dem offenkundigen Geſetzesrecht und der Ler ſonſt noch findet.

Aber auch die Ler ſelbſt bietet Material genug, um ihre eigene
Angabe bezweifeln zu machen. Demnach könnten z. B. die geringern
Bußen unter Umſtänden die größeren, das Wergeld, überſteigen.
Das Wergeld des Edeln beträgt 1440 solidi minores, oder 960
solidi majores, werden ihm aber beide Augen, Ohren, Füße,
Hände, Hoden abgeſchlagen, ſo ſind dafür 1440 solidi majores
oder 1920 solidi minores zu erlegen[1]). Dazu würde durch eine
ſolche doppelte Rechnung eine beſtändige Unordnung geweſen ſein.
Bei dem Diebe wäre es fraglich, ob er ſterben müſſe, wenn er

---

2) S. das von Merkel LL. III, 132 Note 24 veröffentlichte merkwürdige
Fragment: Secundum legem Francorum et Alamannorum et Saxonum et Du-
ringorum — 4 denarios trembus etc.; vgl. Waitz a. a. D. p. 250.
1) Vgl. Gaupp p. 89.

einen Werth von 6, oder erst wenn er einen solchen von 9 Tremissen entwandt; bei Frauenraub, und all den Bußen, die mit
Frauenraub zusammenhängen, treten dieselben Fragen wieder hervor; ein jeder Werth müßte doppelt angegeben werden, es genügte
z. B. nicht, Cap. 34 den quadrimus bos zu zwei solidi anzugeben.
Eine Hinweisung auf die beiden Solidi findet sich aber in der
ganzen Ler nur in der einen Stelle, Cap. 16, welche aller Wahrscheinlichkeit nach von demselben herstammen wird, der dieses Cap. 66
verfaßte.

Schließlich muß die Glaubhaftigkeit der Nachricht aber noch
ganz besonders dadurch erschüttert werden, daß das Verhältniß der
Werthangaben nicht richtig sein kann. Mag man einen jungen
Ochsen als Schlacht- oder als Zugvieh benutzen wollen: nimmer
hat ein sechszehnmonatlicher einen um die Hälfte höheren Werth
als ein zwölfmonatlicher. Das kann auch gar nicht bei den Sachsen der Fall gewesen sein, und daß es nicht war, ergiebt der quadrimus bos zu zwei Solidi. Sind dieses minores, so ist dieser
Ochse, obwohl um 32 Monate älter als der sechszehnjährige, nur
um ein Tremissis mehr werth als letzterer. Anders freilich, wenn
es majores d. h. ganz einfach fränkische solidi sind.

Das Capitular hat auch hier wieder das Richtige, dem Leben
entsprechende: id est bovem annoticum utrinsque sexus autu-
mnali tempore, sicut in stabulum mittitur, pro uno solido. Similiter et vernum tempus, quando de stabulo exiit, et deinceps
quantum aetatem auxerit, tantum in pretio crescat. Es bestimmt also nur den Geldwerth für ein junges Rind, bei dem noch
von keinem Gebrauchswerth die Rede sein kann.

So sehr viel Grund nun aber auch vorliegen mag, die Nachricht von der doppelten Rechnungsmünze mit dem gemeinsamen
Namen Solibus zu verwerfen, so wenig sind wir doch nun berechtigt, die ganze Nachricht als unbegründet zur Seite zu schieben.
Es werden in der Nachricht verschiedene Werthe mit gleichem Namen bezeichnet sein, und das wird allerdings wol mit den Bußzahlungen zusammenhängen. Ich denke mir, im Leben wird der
Gebrauch gewesen sein, daß für kleinere Bußen schwereres Vieh,
bei der Erlegung des Wergeldes aber meistens leichteres gegeben
und genommen wurde. Es erscheint dieses um so glaubhafter, da
nicht leicht einzusehen, woher so große Viehheerden zu nehmen waren, wenn z. B. beim Morde des Edeln 12960 Ochsen zu erlegen

waren. Solchen Gebrauch des Lekens mag der Verfasser haben ausdrücken wollen, wenn er jene beiden verschiedenen Werthe mit gleicher Bezeichnung als Rechnungsmünze in seine Lex mit aufnahm[1]).

Die Vergleichung der Lex Saxonum mit den für Sachsen erlassenen Capitularien ist jetzt beendet[2]). Aber anschließend an diese letzte Erörterung will ich hier noch über die Zusätze[3]) zum Cap. 66 in den Codices 2 und 3 und ihr Verhältniß zum Capitulare saxonicum handeln.

Von den drei Sätzen wird, da er sich in den cod. 2 und 3 übereinstimmend findet, Satz 3 dem Text der Lex Saxonum am frühesten hinzugefügt sein. Er enthält Werthangaben über Rindvieh. Wie in der Lex Cap. 34 erscheint auch hier der quadrimus bos zu einem Werthe von zwei Solibi und dem entsprechend sind dann alle anderen Werthe angesetzt. Daß diese dem wirklichen Leben entsprachen, mag nicht zu bezweifeln sein. Es ist auch kein Widerspruch vorhanden zwischen diesen Werthangaben und denen, welche das Capitulare saxonicum in der oben mitgetheilten Stelle für Rindvieh giebt. Dahingegen sind die Werthangaben in beiden nicht zu vereinen mit der in dem Cap. 27 der Capital. de partib. Sax.: solidi decem aut unus bos. Der Text dieses Capitels wird uns überhaupt wol nicht richtig überliefert sein: für die betreffende Stelle liegt keine Vermuthung näher, als daß sie verderbt ist[4]). Eine Uebereinstimmung zwischen ihr und dem Capitul. saxon. und der Lex herzustellen, ist daher unmöglich.

Es hat dann ferner cod. 3 den Satz 2. Bei ihm erinnert sehr viel an das Capitulare saxonicum. Wie hier wird in dem Satz von den Preisen des Getreides und des Honigs gehandelt. Da fällt es zunächst schon auf, daß die in Betracht kommenden

---

1) Ich würde diese ganze Ausführung fortgelassen haben, wenn ich mich tiefer auf eigentliche Münzverhältnisse hätte einlassen müssen. Sortberr wird vielleicht in der in den Forschungen IV, 292 versprochenen Abhandlung zu ganz anderen Ergebnissen kommen.

2) Die Vergleichung der Bußansätze wird in anderem Zusammenhang erfolgen müssen.

3) S. obm S. 3 ff.

4) Das sprach bereits Walter R. G. § 712 N 4 aus. Müller, Münzgeschichte p. 360 denkt an den alten schweren Goldsolidus, durch den ich freilich hier auch keinen, weder den major noch den minor, Solidus der Sachsen gewinnen kann.

Hohlmaße für beibe bie gleichen finb: ber fächfifche Scheffel, welcher
fonft nicht angetroffen, anftatt bes fränfifchen Mobius, unb Sicle für
Honig. Auch barin ftimmen beibe Rechtsaufzeichnungen mit einanber
überein, baß fie beibe, nebft bem Honig, bie gleichen Getreibeforten
nennen: Roggen, Gerfte unb Hafer[1], fo baß fie alfo beibe bes fonft weit
verbreiteten Waißen nicht erwähnen. Von Bebeutung ift bann namentlich noch, baß bei ben Preisbeftimmungen auf bie verfchiebenen
Stämme ber Sachfen Bezug genommen ift. Man mag auch noch
hinzufügen, baß in biefer letzteren Beziehung bie Dunfelheit bes
Ausbrucks beiben gleichfalls gemeinfam ift.

Das Capitulare fagt nämlich: De annona vero Bortrinis
pro solido uno scapilos quadraginta donant et de sigale
viginti. Septemtrionales autem pro solidum scapilos triginta
de avena et sigale quindecim. Mel vero pro solido Bortrensi
sigla una et medio donant. Septemtrionales autem duos siclos
de melle pro uno solido donent. Item ordeum mundum sicut et
sigale pro uno solido donent.

In ben Bortrini hat man bereits mehrfach bie Bort-Rheiner,
bie längs bem Rheine wohnen, erfennen wollen[2]. Es würben bas
bie Weftfalen fein. Unter ben Septemtrionales wären alsbann bie
Oftfalen unb Engern zu verftehen. Darauf leitet nun auch bie
Lex hin: Sie zählt bie brei Volfsftämme in biefer Orbnung auf:
Weftfalen, Engern unb Oftfalen, giebt bann ihre Getreibepreife,
um fortzufahren: apud utrosque duo sicle mellis solid. Dafür,
baß fich bas apud utrosque auf bie beiben zuletzt genannten
Stämme beziehl, unb baß mit beiben wieber bie Septemtrionales
ibentifch finb, fpricht, baß ber Werth bes Honigs in ber Lex unb
bem Capitular für beibe ein gleicher ift. Auch fonft haben ja,
f. Lex, Cap. 47 unb 48, Oftfalen unb Engern manches gemeinfam.

Die Getreibewerthe gehen bahingegen ganz auseinanber. Es
ließen fich allerbings Hafer unb Roggen bei ben Bortrini bes
Capitulars mit ben gleichen Arten bei allen brei Stämmen zufam-
menftellen, allein alsbann müßte man annehmen, baß ber, welcher
biefen Zufatz machte, bie Preife nach Solidi majores unb minores
berechnet hätte, unb zwar müßte er für bie Lex ben major, für

1) Der wirb in bem Capitulare unter annona zu verftehen fein, wofür fpä-
ter bann avena gebraucht.
2) Vgl. Gaupp p. 226. — Sinb es vielleicht biefelben, welche Bonifarius
Epift. 36, Jaffé, Bibl. III, 101 Borthari, neben ben Heffen nennt?

das Capitular den minor angenommen haben. — Die Berechnung wäre viel zu künftlich. Vielleicht haben wir hier Werthe des wirklichen Lebens vor uns, bei deren Aufzählung möglicherweise das Capitular und Cap. 34 der Lex berücksichtigt wurden.

Den vierten Satz hat nur cod. 2. Er wiederholt: „vitulus anniculus solid. 1." die Angabe des ersten Satzes in Betreff des solidus minor, und scheint alsdann eine Notiz über den solidus major geben zu wollen. So verstehe ich, wenn hier, nachdem oben im ersten Satze ovis cum agno ein solidus minor genannt ist, gesagt wird: „ovis cum agno et anniculus agnus ci superadjunctus solid. 1".

Fränkisches und sächsisches Recht.

Viele Jahre lang hat das fränkische Reich zu kriegen gehabt, bevor die Sachsen sich seiner Herrschaft anschlossen. Sie thaten es auch dann nur nothgedrungen und widerwillig; schwer wurde es, sich von dem Glauben der Väter und langer Zurückgezogenheit von anderen Stämmen zu trennen. Sollte Christenthum und fränkische Herrschaft bei ihnen feste Wurzeln schlagen, so blieb kaum etwas anderes übrig, als die Strenge des Krieges den Besiegten gegenüber beizubehalten, die neue Herrschaft durch sie zu schützen.

Fast Jahr für Jahr hielt König Karl seinen allgemeinen Reichstag in Sachsen, meistens in Paderborn ab. Da war das Volk in Waffen dann versammelt, sei es, das Unterwerfungswerk fortzusetzen, sei es, um den Beschlüssen der gleichzeitig versammelten angesehenen Männer Nachdruck und Zustimmung zu geben. Auch im Jahre 785 wurde die allgemeine Reichsversammlung in Paderborn abgehalten. Damals lag Sachsen besiegt am Boden. Widerstandslos vermochten fränkische Heere das Land zu durchziehen. Nun kam es darauf an, des Sachsenlandes Schicksal zu bestimmen. Das scheint damals die große Aufgabe der Versammlung in Paderborn gewesen zu sein. Von ihr wird ein Gesetz berathen und beschlossen sein, welches Christenthum und fränkischer Herrschaft eine feste Stätte in Sachsen verschaffen sollte[1]. Dasselbe ist uns erhalten; es zeigt, daß in Sachsen bisher wenig geschehen, um des christlichen Königs Gewalt zu begründen, denn es setzt nirgends

---

1) Mit der Ausgabe von Pertz wird das Gesetz gemeiniglich in das Jahr 785 gesetzt. Ich würde es sonst lieber, mit Bezugnahme auf Annal. Laurisham. dem Jahre 782 zuweisen, da in diesem Jahre Grafen in Sachsen eingesetzt worden und die Constitutio sich viel mit deren Verhältnissen beschäftigt.

eine vorangegangene kirchliche oder politische Organisation des Landes, im Sinne der Sieger voraus. Das Gesetz selbst ist auch
wunderbar. Form und Inhalt entsprechen wenig den sonstigen karolingischen Gesetzen. Kein Wunder daher, daß eine Handschrift
ihm nicht den Titel geben will, der sonst dem Gesetze gebührte, es vielmehr: „Capitulatio de partibus Saxoniae constitutae sunt" nannte;
wir aber können es, den geschichtlichen Verlauf kennend, nach dem
Vorgange anderer einfach als Capitulatio de partibus Saxoniae
bezeichnen[1]).
  Das wichtige Gesetz theilt seinen Stoff in zwei Abschnitte.
Beide beziehen sich wesentlich auf das Strafrecht, wie es sich durch
die neuen politischen und kirchlichen Verhältnisse gestaltet. Die Bestimmungen des ersten Abschnittes faßt das Capitulare als die
Capitula majora zusammen, denn sie zählen nur Vergehen auf,
welche mit dem Tode bestraft werden sollen; dahingegen enthalten
die Capitula minora des zweiten Abschnittes nur geringere Vergehen, die auch mit leichteren Strafen, mit Geld zu sühnen waren.
In beiden Abschnitten findet sich kirchliches und politisches Strafrecht, doch so, daß ersteres voransteht. Aus dem ganzen Inhalt des
Gesetzes ergiebt sich, wie bemerkt, daß dasselbe eine Umgestaltung
der kirchlichen wie politischen Verhältnisse vor Augen hat: für kein
anderes Land als Sachsen hätte ein solches Gesetz erlassen werden
können. Das Gesetz hat den Zweck der Grundbedingung des fränkischen Reiches, der engen Verbindung zwischen Kirche und Staat,
in Sachsen die Wurzeln zu verschaffen, welche sonst bereits in jedem
anderen Lande der Monarchie vorhanden waren. Darauf, und auf
Ordnung des Gerichtswesens, beziehen sich auch die wenigen Bestimmungen, welche die Capitulatio neben dem strafrechtlichen Inhalt sonst noch enthält.
  Feierlich ist der Eingang des Gesetzes. Die christlichen Kirchen
sollen höhere und ausgezeichnetere Ehre genießen, als die eiteln
Heiligthümer der Heiden. Die höhere Ehre zeigt sich wol gleich
im folgenden Capitel. Nach altsächsischem Recht wird der zum
Tode Verurtheilte nirgends Frieden gehabt haben, auch nicht an
heiligen Orten[2]): das Gesetz des Königs gab aber Frieden bei Zu-

flucht in eine chriftliche Kirche. Zwar foll der Verbrecher dann doch
demnächft ins Gericht geführt werden, allein Leben und Gliedmaßen
wurden ihm garantirt, und er foll nur foweit Schadenerfatz leiften,
als fein Vermögen zuläßt, und ihm gerichtlich zuerkannt ift. Alsdann aber fei er, doch gewiß nur im Falle todeswürdiger Vergehen
oder Verbrechen, zum Könige zu führen, damit der ihn hinschicke,
wohin es ihm gefalle. Auch das folgende Capitel bezieht fich auf
die höhere Ehre der Kirchen. Es fchützt, trotz feines weiteren Inhalts, auch vorzugsweife den, der in ihnen Zuflucht gefucht. Durch
Gewalt[1]) foll den Niemand heraustreiben, heißt es in dem früheren
Capitel, und hier, daß durch Gewalt[1]) Niemand eine Kirche betreten
foll, denn fonft würde er, ebenfo wie der, welcher fich gewaltfam
oder auch durch Diebftahl[2]) etwas in der Kirche aneignet, die Todesftrafe zu erleiden haben. Auch der foll fterben, welcher die Kirche
anfteckt: wol zum Schutz der Kirche, doch auch zum Schutze ihres
Afylrechtes, und übereinftimmend mit der ftrengen Beftrafung der
Brandftiftung bei den Sachfen. Jede Verletzung des Friedens der
Kirche aber war auf folche Weife mit der fchwerften Strafe bedroht.

Verletzung der großen Faften hat die Todesftrafe zur Folge; aber die
Geiftlichen haben zu urtheilen, ob Noth, zum Genuß von Fleifch ge-
drängt; Todfchlag eines Bifchof, Presbyter oder Diakonus, Hexenglauben
und Verfolgung der Hexen, Verbrennung der Leichen, abfichtliche
Entziehung von der Taufe, Menfchenopfer, Anfchläge mit den Heiden gegen die Chriften und insbefondere gegen den König: das
alles ward als todeswürdiges Verbrechen aufgefaßt. Diefen kirchlichen Verbrechen folgen dann einige politifche, zu benen die Anfchläge mit den Heiden, woraus leicht Landesverrath entftehen
konnte[3]), den Uebergang bilden.

Der erfte diefer Sätze mit rein oder vorwiegend politifchem
Inhalt, hat an diefem Orte nichts auffallendes: Si quis domino
regi infidelis apparuerit, capitali sententia punietur. Um fo
merkwürdiger find die beiden folgenden: Si quis filiam domini sui
rapuerit, morte moriatur, und ferner: Si quis dominum suum
vel dominam suam interfecerit, simili modo punietur[4]). Schon

1) per violentiam, beide Male.
2) per vim vel furtiu; ich glaube, das per vim foll den fchützen, der per violentiam nicht aus der Kirche vertrieben werden darf.
3) Vgl. Waltz III, 270, und Abel a. a. O. 403.
4) Außer durch die Lex Sax. wird diefe Strafe gewiffermaßen noch beftätigt
durch Nithd. IV, 4: in Saxonia seditiosos — nobiliter, legali tamen caede, com-
pescuit, vgl. auch Annal. Bert. SS. I, 439; Annal. Xant. II, 227.

die Stellung des ersteren vor dem zweiten Capitel muß auffallen. Es entzieht sich aber der Grund dieser Stellung selbst einer Vermuthung.

Wer ist der dominus? Es ist kein Geistlicher, da deren Tödtung bereits Cap. 5 mit Todesstrafe bedroht ist. Es ist nicht der Graf, da auf dessen Tödtung Cap. 30 nur Confiscation des Vermögens gesetzt ist[1]. Die Stellung zum dominus muß also in anderen als in diesen neuen kirchlichen oder politischen Zuständen ihren Grund haben. Doch braucht sich die karolingische Neuerung, welche nach dem ganzen Zusammenhange mit ziemlicher Gewißheit anzunehmen ist, auch gar nicht auf das Verhältniß zwischen zwei Personen selbst zu beziehen, kann sich vielmehr sehr wol auf eine Abänderung der Strafe für die Beendigung eines solchen bereits seit längerer Zeit bestehenden Verhältnisses durch Todschlag beschränkt haben. Demnach würde dann dieses dominium, wie ich es der Kürze wegen nennen will, ein sächsisches Institut sein.

Die Capitulatio redet nicht nur von einem dominus, sondern auch von einer domina. Daß hierunter die uxor domini zu verstehen sei, ist sehr zweifelhaft, da die Bezeichnung in diesem Falle völlig ungebräuchlich sein würde. Redet doch auch die Lex Saxonum Cap. 26 von der uxor domini, während sie freilich eine domina überhaupt nicht kennt. Daß aber das Verhältniß des dominium kein rein persönliches ist, vielmehr über die Lebensdauer eines der beiden Theile hinausreicht, ergiebt sich daraus, daß in der Lex Saxonum, die hier unbedenklich zur Vergleichung heranzuziehen ist, der Todschlag des filius domini, wie der des letzteren selbst, mit dem Tode bedroht wird. Es weist dies auf ein Verhältniß des Untergebenen zu der Familie des dominus hin. Und das ist auch der Fall mit der Bestimmung der Capitulatio Cap. 12, und den weiteren Strafandrohungen, welche die Lex Saxonum Cap. 26 gegen Stuprum der Tochter, der Frau und der Mutter des Herrn hat[2].

Sehr scharf sticht die Todesstrafe, welche Cap. 12 für Raub der Tochter des Herrn verfügt, gegen die, im Vergleich zu dem übrigen Strafrecht milde Strafe für den Frauenraub ab, wie sie

---

1) Es könnte vielleicht gesagt werden, daß Confiscation hier neben der Todesstrafe gemeint sei, doch spricht Capit. Aquisgr. 809 Cap. 1 dagegen, vgl. Waitz IV, 499.
2) S. oben S. 22.

sich in der Lex Saxonum Cap. 40 anb 49 findet¹). Wenn es überhaupt zweifelhaft sein könnte, würde aus jener harten Strafe, verbunden mit den Angaben der Lex über Stuprum, zu schließen sein, baß ein Ständeunterschied zwischen dem Herrn und seinen Untergebenen stattgefunden habe. In der Thal hängt gerade für die Erklärung dieses dominium von der Ansicht über die ständische Gliederung, die ja überhaupt für unsere Kenntniß der altsächsischen Verhältnisse von vorzugsweiser Bedeutung ist, sehr viel ab.

Zur Zeit ihrer Unterwerfung durch Karl den Großen waren die Sachsen gegliedert in Edle, Freie, Liten.

Ein politisches Vorrecht des Adels tritt in den Quellen nicht hervor. Auch in den Kriegen gegen die Franken bemerken wir ihn nicht an hervorragender Stelle, etwa beauftragt die allgemeinen Angelegenheiten des Volksstammes zu führen. Soweit in demselben überhaupt von ständischer Gliederung die Rede ist, treten da vielmehr alle drei Stände in gleicher Weise auf. Edle, Freie und Liten bilden das Heer, das bewaffnete Volk, sie werden alle drei als Geiseln gegeben und genommen²), und wo Einzelne genannt werden, wird auf die Bezeichnung des Standes kein Werth gelegt. Nicht anders ist es in allgemeinen politischen und socialen Verhältnissen.

Edle, Freie und Liten sind in gleicher Weise, wenn auch, wie anzunehmen, in verschiedener Abstufung, verpflichtet, an den Lasten, welche die Einführung des Christenthums mit sich bringt, theilzunehmen. Sie müssen die neuen Kirchen gemeinsam mit Land und Unfreien ausstatten³), ihnen liegt ohne Unterschied die Zehntenabgabe ob⁴). Alle drei Stände verfallen in Strafe bei kirchlichen Vergehen, sie alle werden mit dem großen und kleinen Bann bedroht, sie alle müssen, bei Strafe, der Mannitio Folge leisten⁵). Also auch die Liten nahmen Theil an der Volksversammlung, die doch wesentlich Gericht war. Alle brei Stände werden daher auch ein Recht gehabt haben, an ben allgemeinen Landesversammlungen theilzunehmen[1]). Es erschienen somit Eble, Freie unb Liten stets in gleicher Weise; sie zusammen sind das Volk unb wenn von Saxones im allgemeinen, ober von omnes Saxones gesprochen wird, so müssen wir an alle brei Stände benken.

Der Abstand zwischen ben brei Volksklassen war aber boch ein sehr erheblicher. Einem fränkischen Schriftsteller schien sogar bie Ehe mit einer Frau höheren Standes, also z. B. eines Freien mit einer Eblen, mit bem Tobe bebroht zu sein: eine Nachricht, bie freilich gerechtem Zweifel unterliegt[2]). Dahingegen ist bie Angabe ber Lex Saxonum, wonach bas Wergelb bes Eblen zwölfmal so hoch sein soll, als bas bes Liten, auch burch bie sonstige Stellung bes letzteren genügenb beglaubigt, weßhalb wir auch an ber Höhe bes Wergelbes für ben Nobilis nicht zu zweifeln brauchen. Der sächsische Eble wurde in seinem Volke zu bem hohen Werthe von 1440, ber Lite nur zu 120 Solibi geschätzt. Zwischen beiben stanb ber Freie, bessen Wergelb bie Lex Saxonum in bem bunklen Zusatze zu Cap. 14 angegeben haben wird: Ruoda dicitur apod Saxones 120 solidi et in premium 120 solidi[3]). Demnach beträgt bas Wergelb bes Freien 240 Solibi, war also boppelt so hoch als bas bes Liten, was bann bem Verhältniß zwischen beiben, wie wir es sonst finben, auch entspricht.

Nach bieser im Wergelb ausgesprochenen Werthschätzung ver-

---

1) Absichtlich gebrauche ich einen behnbaren Ausbruck, benn ich will mich hier nicht auf eine Kritik ber betreffenben Nachrichten hierbalbs in ber Vita Lebuini einlassen. Kenzler hätte uns burch seinen Aufsatz in ben Forsch. VI, 343 vielleicht mehr genützt, wenn er uns manches, zumal scharfe Worte erlassen unb anstatt bessen in biesem Zusammenhang lieber sogleich bie bis später verschobene Auslegung von Cap. 34 ber Capit. de partib. gegeben hätte.

2) S. unten S. 44. Sollte sich bie Nachricht vielleicht auf bie Ehe mit ber filia domini beziehen, bie boch höheren Standes war?

3) Ohne auch nur einen neuen Gebanken, ber bes Mittheilens werth wäre, zu finben, habe ich mich sehr viel mit ber Auslegung bieser Stelle beschäftigt, bin aber nicht über bie Ansichten von Grimm, Gaupp, Wilba u. a. hinausgekommen. — Schröber, Gesch. bes ehel. Güterrechts I, 15, Note 33 hat biese, auch in bem Text genommene Auslegung burch bie seine Bemerkung bekräftigt, baß unter ben 240 solidi ber Lex Sax. Cap. 40 bas Wergelb für ben Freien, wie bei ben meisten anberen germanischen Völkerschaften zu verstehen sei. — Wenn in ber Theilung eine Erhöhung steckt, so muß biese wol erst in karolingischer Zeit vorgenommen sein. — Sollte ber Satz vielleicht als Zusatz von bem Verfasser ber letzten Capitel ber Lex eingefügt sein? Das „apud Saxones" scheint wenigstens einen anberen Gebankenzusammenhang voraus zu setzen, als in ber Lex sonst wahrzunehmen ist.

hielten fich also die Stände zu einander wie 6:1:½. Es entspricht das Verhältniß des Edlen zum Freien burchaus bem des Than, Edeln, zu bem Keorl ober Gemeinfreien bei verwandten Angelsach-fen[1]), woburch die Ley eine Beglaubigung erhält. Wir haben ba-her um so weniger Grund ihr zu mißtrauen, wenn fle Cap. 36 für Bußen das Berhältniß 2:1:⅜ hat, das auch Capitul. saxon. Cap. 9 entsprechend ist. Denn wenn wir auch, abweichenb von ben Bußansätzen ber Ley, für kirchliche Bergehen in ber Capitulatio de partibus mehrfach bas Berhältniß wie 2:1:⅓ finten, so ist babei boch zu berücffichtigen, baß jene Abstufung ber Bußen für Ber-gehen bes bürgerlichen Rechtes einer jüngeren Zeit entstammt, in ber vielleicht mehr Einsicht in die sächsischen Zustänbe zu einer Ordnung ber früheren Ansätze führle. Auf rein karolingische Einrich-tung möchte nämlich biese vorliegenbe Abstufung in ben Bußgelbern, burch bie, im Bergleich zu bem Wergelbe, ber Abel begünftigt wurbe, zurückzuführen fein. Nach ber Werthschätzung ber Sachsen selbst mag es bielen als ein willkürliches erschienen fein: wir aber erfehen trotzbem auch aus biesen Anfätzen, baß Freie unb Liten viel näher zu einanber als Freie unb Eble stanben. Dafür kommt auch anberes in Betracht.

Der Tobschlag eines Knechtes konnte von einem Eblen mit einem Dreieib geleugnet werben; für ben Freien unb Liten war aber gleicherweise ein Bolleib, ein Zwölfeib erforberlich[2]). Für ben Freien kommt ein Schutzverhältniß zu einem Eblen vor, wonach biefer ein binglickes Recht an bem Eigen jenes erhielt, wonach also ein Rechtsverhältniß zwischen beiben bestanb, bas die Stellung bes Freien ber bes Liten ähnlich machte[3]). Mit bem Begriff ber Bollfreiheit, wie er sonst bei ben Germanen herrschenb, ist ein solches Schutzverhältniß, bas sich vielleicht gar auch auf Bertre-tung vor Gericht bezogen, nicht in Einklang zu bringen. Enblich werben auch Freie unb Liten in einer Weise neben einanber genannt,

---

1) So nach sächsischem unb merclschem Recht, s. Schmibt, Gesetze ber Angel-sachsen p. 663.
2) Lex Sax. Cap. 18. — Siegel, Gerichtsverfassung I, 232 meint freilich hier müßte mit cod. 3 liberto gelesen werben. Doch stehl seine Ausführung über die Eibesgröße bei ben Sachsen, die sich vorzugsweise auf jene Stelle stützt, wol auf sehr schwachen Füßen. Jebenfalls ist die Lesart libero viel besser begrünbet.
3) Lex Sax. Cap. 64. — Dieses Berhältniß wirb nicht erst burch karolingischen Einfluß ins Leben gerusen sein, ba unter bem dominus, qui jam in exilium missus est, oft boch wol ein infidelis regis zu verstehen ist, ber nicht als dominus eingesetzt sein, ober bas dominium infolge von Untreue wieber verloren haben würbe.

die auch sonst auf eine sehr gleichartige Stellung in der Volksgemeinde schließen läßt [1]).

Die Schätzung des Freien in der Gemeinde dem Edlen und
dem Liten gegenüber, erhält dann aber erst ihr rechtes Licht, wenn
wir die Stellung des letzteren, dem der Freie viel näher stand als
dem Edlen, mit der des Knechtes vergleichen.

Der Herr haftete für seinen Liten wie für den Knecht. Nur
darin zeigt sich noch die persönliche Freiheit des ersteren, daß der
Herr nicht verpflichtet ist, die Buße, in die sein Lite verfallen, zu
zahlen, falls er nichts von der verbrecherischen That gewußt. Beim
Todschlage kann er ihn entlassen, und der Lite ist dann, wie jeder
andere Volksgenosse, verpflichtet, das Wergeld zu zahlen oder die
Rache zu tragen. Vom Knechte darf sich der Herr in diesem Falle
nicht losagen [2]). Das Wichtigste ist hier die Haftpflicht des Herrn,
die jedenfalls eine große Abhängigkeit des Liten voraussetzt. Dem
ist es auch durchaus entsprechend, daß Liten mit ihren Familien
und Besitzungen zahlreich an Kirchen und Klöster gleich den
Knechten verschenkt wurden [3]), wobei nicht selten beide in ganz
gleicher Weise neben einander genannt werden [4]).

Trotz ihrer unstreitigen Berechtigung in der Gemeinde, trotzdem
sie selbst sogar über Unfreie verfügen [5]), sehen wir also die Liten
in einer Lage, die sie dem Knechte sehr nahe brachte. Wenn daher
der Freie, wie sich aus Obigem ergiebt, dem Liten wieder ziemlich
nahe stand, so ist daraus der weite Abstand in der Schätzung zwischen Edlen und Freien, wie er sich im Wergelde und auch den Bußen
ausspricht, sehr wol zu erklären. Auch daß Fernerstehende Freie
und Liten wohl gar für Knechte hielten [6]), mag in jenen Verhältnissen seinen Grund haben.

Dieser Abstand kann aber unmöglich einer breiten materiellen
Grundlage ermangelt haben. Das hohe Wergeld des Edlen läßt
bereits, nach dem Verhältniß, welches wir bei andern Völkerschaften

1) Schreiben Ludwig des Frommen bei Schaten I, 78: homines tam liberos
quam et latos in hostem ire compellant. Ebenso in der Urkunde bei Erhard,
Reg. I, Anhang p. 7, während p. 22 tam Iiti quam ingenui von allen öffentlichen Lasten befreit werden. S. auch oben die Stellen S. 31 N. 1; vgl. Dümmler I, 160.
2) Lex Sax. 16, 50—53.
3) Vgl. z. B. Tradit. Corb. ed. Wigand, No. 327, 351, 362, 398, 454, 467.
4) Vgl. z. B. Trad. Corb. No. 248, 250, 258, 467, 475, 486.
5) Capit. de partib. Cap. 15.
6) Annal. Xantens. zu 841 und 842.

zwischen Wergeld und Grundbesitz finden, vermuthen, daß ihm, wie es bei den Thanen der Angelsachsen der Fall war, ein großer Grundbesitz entsprochen. Auch der Umstand, daß die Liten jedenfalls einen sehr zahlreichen Stand ausgemacht haben müssen, führt zu der Annahme, daß der Adel reich begütert war, denn es ist anzunehmen, daß er, wenn nicht allein, so doch ganz vorzugsweise Liten hatte. Das nahe Verhältniß nämlich dieser zu den Gemeinfreien, und der weite Abstand letzterer von den Edlen, führt schon zu der Annahme, daß die Liten schwerlich zu den Gemeinfreien in dem Abhängigkeitsverhältniß, welches das Kennzeichen ihres Standes war, gestanden haben können. Dazu kommt, daß die Lex Saxonum vorauszusetzen scheint[1], daß der Edle Herr von Liten ist, und der Zusammenhang in dem ganzen ersten Theile der Lex, wo sonst nur vom Adel gesprochen wird, scheint mit Nothwendigkeit darauf hinzuführen, daß nur an einen Edlen zu denken ist, wenn wir hier von dem dominus liti hören, der den Liten bei einem Verbrechen entlassen, oder selbst dafür einstehen muß. Die Analogie erlaubt dann wieder aus dieser Stelle auf andere Rückschlüsse zu machen, so daß wir annehmen können, in der Regel sei an einen Edlen zu denken, wo von einem Herrn der Liten gesprochen wird. Darin erkennen wir abermals ein sehr wichtiges Moment, — das freilich von dem großen Grundbesitz unzertrennlich, — für die Werthschätzung des Adels den andern beiden Ständen gegenüber. Auch daß jenes Schutzverhältniß zwischen Freien (libor homo) und Edlen (nobilis) bestand, läßt schließen, daß letztere in diesen Zeiten reinster Naturalwirthschaft durch Besitz die ersteren weit überragten, wodurch uns wieder der weite Abstand zwischen beiden erklärt wird.

Wenn der Adel auch in unseren Nachrichten nicht sonderlich hervortritt, so muß ein solch großer Besitz, der wieder als Grundlage für den so bedeutenden Abstand in der Werthschätzung zwischen ihm und den anderen Ständen anzusehen, und dann gerade dieses Abstandes wegen, von sehr hervorragender Bedeutung auch für alle politische Dinge gewesen sein. Dürfen wir den Adel als Herrn des Standes der Liten, und einzelne Edle als Schutzherren von vielleicht zahlreichen Freien ansehen, so möchte sich daraus ergeben, daß der Adel vielfach einen Einfluß auf die Gestaltung allgemeiner Verhältnisse des Volkes haben mußte, der einer Entscheidung gleich-

---

1) Lex Sax. Cap. 8: in manu liti sui juret.

kommen mochte. Ihn für seine Zwecke zu gewinnen, mußte daher ein dringendes Interesse der Franken sein.

Es war daher sicher auch den politischen Verhältnissen entsprechend, wenn Karl der Große den Adel Sachsens an sich zu fesseln suchte[1]. Aus ihm nahm der König seine Grafen für das unterworfene Land[2]. In den von ihm herrührenden Bußansätzen sehen wir den Adel, wenn wir die Abstufung des Wergeldes damit vergleichen, erheblich bevorzugt[3]. An den Adel wird auch zu denken sein, wenn wir von Sachsen hören, welche Beneficien vom fränkischen Könige im Frankenlande hatten[4]. Den Adel, nicht etwa die Gemeinfreien, stellten die Franken mit sich auf gleiche Stufe, wie sich noch ergeben wird. Der sächsische Adel erscheint später wirklich als die Stütze der fränkischen Herrschaft im Lande[5]; gerade bei der hohen Bedeutung, die er ohnehin früher schon eingenommen, ist auch hieraus nur zu schließen, daß Karl seine Bedeutung eher noch erhöht, als vermindert hat. Der spätere Aufstand richtete sich in gleicher Weise gegen die fränkische Herrschaft und gegen mindestens einen Theil des einheimischen Adels.

Eine solche Erhöhung der Bedeutung des Adels ist wol in der weiteren Ausbildung des dominium zu sehen, wie wir sie in der Capitulatio de partibus Saxoniae finden[6]. Die zahlreichen Edlen werden Edle als Herren gehabt haben. In dem Schutz Edler befanden sich dann auch vielleicht zahlreiche Freie. Auch ihnen mußten jene Herren sein. Daß diese Herren vieler Volksgenossen Karl für sich zu gewinnen suchte, indem er daneben auch die Grundlage, durch welche jene erhöhten Werth für ihn hatten, erweiterte und befestigte, ist demnach leicht zu erklären. Nur diese Bedeutung mag es haben können, wenn Karl bestimmt, daß der Todschlag seines Dominus mit dem Tode bestraft werden solle. Eine ältere Institution der Sachsen erhielt hierdurch einen erneuten Schutz. Zweifelsohne geschah das aus politischen Gründen: allein

1) Vgl. Waitz III, 119 ff., wo auch die Ansichten älterer Forscher erörtert sind.
2) Annal. Lauresh. zu 782: Carolus rex constituit super (Saxoniam) ex nobilissimis Saxones genere comites.
3) S. oben S. 36.
4) Capit. miss. dat. 802 cap. 10: De illis Saxonibus, qui beneficia nostra in Francia habent, quomodo an qualiter habent condricta. — Maurer, Adel p. 119, bezieht die Stelle ohne weiteres auf den Adel.
5) Nithard IV, 2.
6) Ganz ähnlich bereits Waitz III, 138.

die brauchten noch nicht untrenbar mit dem Dominium zusammen zu hängen. Im Gegentheil: die gleiche Schußvergünstigung für die domina, für die Herrin, zeigt, daß die Verfügung nicht unmittelbar mit der neuen Organisation des Landes zusammenhing. Denn unter der domina werden wir uns hier nur reichbegüterte Frauen denken dürfen, wie wir sie auch sonst bei den Sachsen finden[1]), und die als solche auch Liten, über die wol ihr eigener Vormund die Schußgewalt hatte, gehabt haben werden.

Eine nicht unwesentliche politische Bedeutung erhielt jene gesetzliche Bestimmung sodann dadurch, wenn einer zum Grafen gewählt wurde, der eine größere oder geringere Anzahl solcher, die für seinen Todschlag mit dem Tode bedroht waren, in seinem Bezirk hatte. Es wurde dadurch für den neuen Beamten und seine Familie selbst ein höherer Schuß geschaffen.

Dieser Schuß aber wurde dem angestellten Adel zu Theil. Auf ihn, dem die Grafen des Königs angehörten, ist überhaupt ein wesentlicher Theil der Ausübung der Rechte übergegangen, die früher der Volksgemeinde zustanden. Früher wurden allgemeine Volksversammlungen abgehalten, an denen Liten und Freie theilzunehmen ein Recht hatten. Karl hat dieselben untersagt; es sei denn, daß sie von seinen Königsboten zusammenberufen würden. Ein jeder Graf aber, wurde dann weiter bestimmt, soll in seinem Amtsbezirk Placita halten und Recht sprechen[2]). In dem Gerichte des Grafen, und wol durch ihn, scheinen also mehrere Geschäfte entschieden zu sein, die früher allgemeinen Versammlungen vorlagen. Auf den Grafen, vielleicht auch auf den Adel, aus dem er entnommen wurde, mag daher dem Scheine nach viel von der Gewalt übergegangen sein, die dem Volke genommen wurde. Erbitterung über diesen Wechsel der Zustände kann daher sehr wol, nicht nur bei den Liten und anderen abhängigen Freien, sondern auch bei den übrigen Freien vorhanden gewesen sein, und sich gegen den Adel vorzugsweise gerichtet haben. Vielleicht erklären sich dadurch einige Erscheinungen in dem späteren Versuche, die alten Zustände

1) Tradd. Corbb. No. 9, 14, 16, 142, 188, 456 u. a. — Insbesondere kommt das Erbrecht der Töchter hier in Betracht; s. unten S. 67 N. 5.
2) Capit. de part. cap. 34: Interdiximus, ut omnes Saxones generaliter conventus publicos nec faciant, nisi forte minus noster de verbo nostro eos congregare fecerit; sed unusquisque comes in suo ministerio placita et justitias faciat. Vgl. damit Ruodbald, Vita Lebuini SS. II, 361.

wieder herzustellen, Versuche, die dann auch auf die besprochenen Verhältnisse selbst ein nicht uninteressantes Licht werfen.

In dem Kampfe zwischen Kaiser Lothar und seinen Brüdern folgten die Edlen der Sachsen verschiedenen Parteien, sie waren getheilt[1]). Nach der Niederlage bei Fontanet lichteten sich aber die Reihen Lothars sehr bedenklich und es wurde namentlich der Rest des sächsischen Adels, der bisher zu ihm gehalten, unzuverlässig, es war zu erwarten, daß auch er abfallen würde, wenn er es nicht gar schon gethan[2]). Da rief Lothar, der alle Mittel in Bewegung setzte, um sich zu halten, im Sachsenlande Freie und Liten wieder zur alten Freiheit auf. Er versprach ihnen Wiederherstellung der Freiheit ihrer Väter, worunter gewiß nicht nur Aufhebung mancher schweren Lasten zu verstehen war, welche das Christenthum und die neue Herrschaft mit sich gebracht, sondern auch Wiedergabe früherer politischer Rechte. Es werden namentlich denen, welche Herren über sich hatten, verkümmerte politische Rechte wieder versprochen sein; ihre Abhängigkeit sollte wol gemindert, eine verlorene Selbstständigkeit ihnen wiedergegeben werden. Diese abhängigen Freien und Liten wenigstens scheinen das Versprechen Lothars besonders eifrig erfaßt zu haben. Einzelne freilich wären nicht im Stande gewesen, der Aufforderung des Kaisers nachzukommen. Ein mächtiger dominus wird sich leicht vieler Freien und Liten haben erwehren können, und Lothar war nicht im Stande diese zu unterstützen. Da aber bildeten sie einen Bund, dessen unerklärter Name Stellinga war, und nun fielen sie über ihre domini her, jagten sie fast sämmtlich aus dem Lande hinaus[3]). Die Ver-

---

1) Nach der gründlichen Erörterung der viel besprochenen Nachrichten durch Meyer von Knonau, Nithard p. 159 ff., und kurz zuvor durch Dümmler, Gesch. des ostfränkischen Reiches I, 159 ff., würde es sehr überflüssig sein, hier näher auf dieselben einzugehen. Doch sei bemerkt, daß sie selbst von Dümmler nicht scharf genug gefaßt sind.
2) Aus Nithd. IV, 2 ergiebt das weniger der Wortlaut als der ganze Zusammenhang.
3) Nithd. IV, 2: Dominis e regno pene pulsis, während er vorher immer von den nobiles Saxonum gesprochen. IV, 6 erhebt sich dann die Stellinga in Saxonia abermals contra dominos suos, woraus hervorgeht, daß die frilingi lazzique sich früher (IV, 2) auch gegen domini sui erhoben. Auch nach Rudolf, Annal. Fuld. zu 842 unterdrückt Ludwig: validissimam conspirationem liberorum legitimos dominos opprimere conantium. Den Annal. Xantens. scheinen die Abhängigen servi zu sein (s. oben S. 37) daher sagen sie zu 841, SS. II. 227: potestas servorum valde excreverat contra dominos suos. Dem Prudentius, Annal. Bert. zu 841, sind die Aufständischen wol nicht mit Unrecht ein besonderer Stand: Saxonibus, qui Stellinga appellantur, quorum multi-

treibung mochte zu lange Zeit in Anspruch nehmen, um Lothar noch rechtzeitig die in Speyer von den Sachsen erwartete Hülfe zu verschaffen[1]). Lothar unterlag. Und nun kam Ludwig nach Sachsen, um eine Bewegung zu unterdrücken, welche vorzugsweise gegen seine Anhänger gerichtet war. Er that es mit strenger, blutiger Hand, die aber doch nur gesetzliche Strafen verhängte[2]). Bald folgte freilich ein neuer Aufstand, doch waren die domini da allein im Stande, ihn zu unterdrücken[3]).

Wir sind vielleicht zu dem Schlusse berechtigt, daß auch ferner, nachdem das karolingische Reich bald zerfiel, als sich keine Einwirkung desselben auf Sachsen mehr geltend machte, die domini ihre abhängigen Leute selbst im Zaume halten konnten. Es mögen sich so Abhängigkeitsverhältnisse erhalten haben, die nach vier Jahrhunderten in verschiedenen Formen hervor treten.

Fasse ich nun, nach länger abschweifender Erörterung, meine Ansicht über Cap. 12 und 13 der Capitul. de partib. Saxon. zusammen, so muß ich sagen, daß hier Bestimmungen vorliegen, welche den Zweck hatten aus ältern, sächsischen Verhältnissen Mittel zu gewinnen, um der Franken Herrschaft bei den Sachsen leichter zu begründen. Wir haben es hier mit einer politischen Aenderung zu thun. Das Verhältniß abhängiger Freier und Liten zu ihren Herren, bisher wol nur ein persönliches, wurde ein vom Staate besonders geschütztes, indem des letztern Tod durch jene mit der Todesstrafe bedroht wurde, was wol nicht nur geschah, um diese Häupter eines größern Anhanges an die neue Ordnung zu ketten, sondern auch um ihr Ansehen wirklich zu erhöhen. Das aber wird der neuen Ordnung zu statten gekommen sein, indem aus den Reihen dieser domini die Grafen genommen wurden. Den Freien und Lassen, besonders denen, die in einem Schutzverhältniß zu einem dominus standen, wird die Aenderung jedoch oft als eine Begünstigung des Adels zu ihrem Nachtheil erschienen sein. Hatte doch der Graf, freilich als Vertreter der Regierung, hinfort Rechte wahrzunehmen, die

---

plicior numerus in eorum genie habetur. Gegen das bestimmte Zeugniß Altberds: nomen novum läßt es sich schwer durchführen, sonst würde ich, gestützt auf die Annal. Bert. sagen, diese abhängigen Freien und Liten wären überhaupt Siedlinger genannt.

1) Rudolf, Annal. Fuld. zu 841.
2) S. oben S. 32 ff.
3) Nithd. IV, 6. vgl. Dümmler I, 178.

sonst den Volksgenossen zustanden, die jetzt aber auf den König
übergegangen waren.

Die Capitulatio de partibus Saxoniae schließt mit der Bestrafung der Tödtung des Herrn die majora capitula. Sie kennen
alle nur die eine Strafe, über welche hinauszugehen nicht in
der Macht des Menschen liegt: die Todesstrafe. Dieselbe wurde
hier nicht verhängt über menschliche Vergehen, die bisher schon als
Todes würdige Verbrechen betrachtet wurden. Vom Volke der
Sachsen ist vielmehr umgekehrt bei Todesstrafe Abfall vom Glauben ihrer Väter verlangt. So erforderte es die Erfassung seiner
Aufgabe durch den großen Frankenkönig, obwol tüchtige Männer,
sogar seiner nächsten Umgebung anderer Meinung gewesen sind[1].
Seiner staatsklugen Ueberlegung ist es aber zuzuschreiben, wenn
gleichzeitig mit der strengen Forderung der Annahme der neuen
Religion auch die Milde derselben hervorgehoben, wenn gleichzeitig
gestrebt wurde, den Dienern der neuen Kirche Vertrauen und Einfluß zu verschaffen. Den Zweck hatte das Asylrecht der Kirche,
die Fürsprache der Geistlichen bei Verletzung der Fasten, den Zweck
endlich hatte auch noch die angehängte Bestimmung, wonach die
Todesstrafe bei den aufgezählten Vergehen unterbleiben konnte,
wenn der Verbrecher freiwillig seine Zuflucht zu einem Geistlichen
nahm, dem seine Missethat bekannte und Besserung gelobte. Die
Härte der Strafe für bisher ganz unbekannte Vergehen wurde
hierdurch bedeutend gemindert. Die Milderung sollte auch eintreten
für die Strafen bei den Verbrechen, die zuletzt aufgezählt. Waren
diese denn auch neu? Die Untreue gegen den König zweifelsohne.
Raub der Tochter des Herrn, oder Tödtung des Herrn, oder der
Herrin waren gewiß alte Verbrechen. Nicht sie, wol aber die harten
Strafen, mit denen sie bedroht, werden der bisherigen Auffassung
des Volkes widerstanden haben.

1) So entschieden Alkuin, der nicht nur in Betreff der Zehnten (vgl. Waitz
III, 127, n. 3) Nachsicht empfahl, sondern auch die strengen Strafen mißbilligte,
durch die die Annahme des Christenthums erzwungen werden sollte, s. epist. ed.
Proben no. 28; no. 31, wo die Predigt für die Heiden verlangt und erläuternd
gesagt wird: Ideirco misera Saxonum gens toties baptism perdidit sacramentum, quia nunquam fidei fundamentam habuit in corde. Weiter unten heißt
es dann, doch wol in Bezug auch auf die Sachsen: Nam et Jesus Christus —
non statim legalis censuram sententias protulit, sed humilitatis exemplo se
inclinans u. s. w. — no. 37: Si tanta instantia suave Christi jugum et onus
ejus leve durissimo Saxonum populo praedicaretur, quanta decimarum reddito
vel legalis pro parvissimis quibuslibet culpis edicti necessitas exige-
batur, forte baptismatis sacramenta non abhorrerent. Dasselbe Thema ist dann
durchgeführt no. 72 und no. 80.

Das Capitulare beginnt dann von den minora capitula zu sprechen. Dieselben betreffen wieder die neuen kirchlichen und politischen Zustände. Wie jene frühern haben auch diese den Zweck, Kirche und Staat der Franken in Sachsen zu begründen. Zunächst wird wieder von der Kirche gehandelt. Die materielle Sicherung der einzelnen Kirchen ward bestimmt. Jede Kirche soll mit einem Hof und zwei Hufen ausgestattet werden und außerdem noch von je 120 Edeln, Freien und Liten einen Knecht und eine Magd erhalten[1]). Wie von allen Einkünften des Königs der zehnte Theil an die Kirche und deren Diener gegeben werden soll, so hat es auch von der Einnahme der Edeln, Freien und Liten zu geschehen. An Fest- und Sonntagen sollen keine amtlichen Geschäfte vorgenommen werden, vielmehr haben alle den Gottesdienst zu besuchen. Diesem leichtern kirchlichen Vergehen, Versäumung des Gottesdienstes, folgen schwerere, welche von der Kirche mit kirchlichen Strafen bedrohl zu werden pflegten. Bei dem noch vor Kurzem heidnischen Volke wird aber wenig Furcht vor den Strafen der Kirche gewesen sein, daher kam denn hier der weltliche Arm zu Hülfe.

Wer ohne Zustimmung des Geistlichen Kinder länger als Jahresfrist ungetauft läßt, verfällt in schwere Geldbuße, die jedoch nach den Ständen abgestuft ist[2]). Nur mit der Hälfte dieser Geldbuße werden unerlaubte Ehen[3]) und allerlei heidnische Gebräuche

---

1) Cap. 15; vgl. Waitz III, 115 n. 3 und 126 n. 5. — Die zwei Hufen sollten auch wol das Ansehen der Kirche in Sachsen heben; nach dem Capit. ad eec. ordin. pert. von 817, LL. I, 207, Cap. 10 kam der einzelnen Kirche sonst nur ein mansus zu.

2) S. oben S. 36 u. unten S. 52 ff.

3) Cap. 20: Si quis prohibitam vel illicitam conjugium sibi sortitus fuerit, si nobilis solidos 60, si ingenuus 30, si litus 15. — Savigny, Adel p. 9 bezieht diese Stelle auf die Todesstrafe, von der uns Rudolf, Translat. Sc. Alex. Cap. I, 88. II, 675 berichtet: id legibus firmatum, ut nulla pars in copulandis conjugiis propriae sortis terminos transferat, sed nobilis nobilem ducal uxorem, et liber liberam, libertus conjugator libertae et servus ancillae. Si vero quispiam horum sibi non congruentem et generis praestantiorem duxerit uxorem, com vitae suae damno componat. Auch Waitz ist III, 126 n. 3 geneigt, die Bestimmung des Capitulars mit dieser Nachricht in Verbindung zu bringen, nachdem er sich I, (2. Aufl.) 213 für die Zuverlässigkeit derselben erklärte, und dabei auch die abweichenden Ansichten erörtert hat. — Ich halte zunächst die Ansicht Rudolfs für sehr zweifelhaft. Sie mag richtig sein für die Ehe eines Knechts mit einer Freien, weil wir dafür auch sonst Todesstrafe finden, s. Maurer, Adel p. 177. Der Edle aber konnte gar nicht (wie bereits Waitz a. a. O. erkannt) eine genere praestantiorem uxorem heimführen. Es bleiben nur die beiden andern Stände, Freie und Liten, übrig. Daß die Todesstrafe bei Ehen derselben unter einander eingetreten, kann ich nicht annehmen, weil die beiden Stände sich offenbar sehr nahe gestanden [s. oben S. 35 ff.).

bebroht. Der Festsetzung der Todesstrafe für Verbrennen der Leichen, entspricht das Gebot, dieselben auf den Kirchhöfen zu bestat-
ten. Der eigentlich kirchliche Theil in diesem Theile des Gesetzes
schließt bann mit der Anordnung, daß die heidnischen Priester und
Wahrsager den Kirchen und Geistlichen, doch wol als Knechte, ausgeliefert werden sollen.

Mit Cap. 24 beginnt das Gesetz eine Reihe von Bestimmungen, welche den Zweck haben, Recht und Ansehen der Obrigkeit
und staatliche Ordnung bei den Sachsen zu befestigen. Aufnahme
von Räubern und andern Uebelthätern, eigenmächtige Pfandnahme,
Bestechung von Zeugen, Hemmung des Rechtsganges, besonders
der Berufung an den König[1]), wurden mit dem Königsbann[2]) be-

Von dem Verbot einer Ehe einer Freien mit einem Edlen u. s. w. sagt aber
Rudolf nichts und ist. nach Analogie anderer Volksrechte, anzunehmen, daß
hier das Herabsinken des höhern Standes Folge war. Auch auf die verhältnißmäßig geringe Strafe des Frauenraubes, und auf die doch wol karolingische Todesstrafe für Raub der Tochter des dominus mag um so mehr verweisen werden,
da sie vielleicht Rudolf zu seiner Ansicht brachte; f. oben S. 35 A. 2.

Aber auch angenommen, die Nachricht Rudolfs sei richtig, so ist Cap. 20
des Capit. doch nicht damit in Verbindung zu bringen. Dem widerspricht schon
der Zusammenhang des Gesetzes, wie Schaumann, Gesch. des niedersäch. Volkes
p. 106 richtig bemerkt hat. Dann ist auch auf die Steigerung der Strafe zu
achten. Das alte Recht müßte hiernach zu Gunsten gerade der niedern Stände
gänzlich geändert sein: worin doch wol eine zu starke Abweichung von der Behandlung liegen würde, die wir sonst für den Adel durch die Franken annehmen
müssen.

Sollte unter dem illicitum conjugium (was allerdings sonst häufig wie
prohibitum für Ehen in verbotnen Graden gebraucht wird) vielleicht die kirch-
lich nicht eingesegnete Ehe (vergl. Capit. Aquis. 802, Cap. 35, LL. I, 95] zu
verstehen sein? Dann würde sich hieraus auch wol die Instruktion der Missi
von 803, LL. I. 115 (vgl. Waitz III, 285; Borettius a. a. O. p. 841 beziehen:
De illis Saxonibus, qui uxores non habent, eur Stelle die um so mehr auffallen muß, da wir, besonders nach dem Briefe des Bonifaz no. 59 (Jaffé Bibl.
III, 172] zu der Annahme berechtigt sind, daß die Sachsen in geschlechtlicher
Hinsicht sehr strenge Sitten gehabt.

1] Mit Cap. 26: Ut nulli homine contradicere viam ad nos veniendo
pro justitia reclamandi aliquis praesumat, steht offenbar das folgende Capitel in
dem engsten Zusammenhange: Si quis homo fidejussorem invenire non potuerit,
res illius in forbanno mittantur, usque dum fidejussorem praesentet. Dieser
Bann wurde über das Vermögen derer verhängt, die sich dem erkannten Recht
nicht fügen wollten (f. Waitz IV, 440], und die dann in gewissen Fällen mit
fidejussores an den Hof des Königs gingen, um hier ihre Sache noch einmal
vorzubringen; f. Capit. Longob. 786, Cap. 7; Capit. 804 Cap. 4; Capit. Noorm.
829 p. 350, Cap. I, p. 352, Cap. 6, 7. — Uebrigens ist der Text dieses Capitels 27 corrumpirt, f. oben S. 27.

2] Mit Recht zweifelt Waitz III, 277, n. 5, daß in Cap. 19 vom Königsbann die Rede. Aber auch Cap. 20 und 21 sind hier nicht hinzuzählen, obwol
die gleiche Summe, wie der Königsbann vorkommt. Der wird, zum Unterschiede
von jenen Bußen, eigens genannt und später (Cap. 31) sodann seine Höhe angegeben. Auch wird er (vgl. Cap. saxon. c 2) als getheilt, d. h. nach Ständen
abgestuft.

droht. Es ist aber auch sehr bezeichnend für den neuen Zustand, daß Karl gleichzeitig darauf Bedacht nahm, wie es sein solle, wenn etwa seine eigenen Beamten, auf die er sich, da sie dem sächsischen Abel entnommen, mit gutem Grunde nicht verlassen konnte, gegen seine gesetzlichen Bestimmungen fehlten. Sie sollen alsdann ihr Amt verlieren. Der König befiehlt auch den Grafen, sie möchten in Eintracht leben und wirken: er fügt aber auch, gewiß nicht mit unnützer Vorsicht hinzu, wenn sie in Zwietracht gerathen sollten, so möchten sie seinen Dienst nicht vergessen. Zum Schutze der Grafen und der Ausführung ihrer Befehle wird darauf noch Einziehung des Vermögens dem angedroht, welcher einen Grafen tödtet oder ihm nach dem Leben trachtet, während den Grafen gegen Rache oder größere Sachen die Handhabung des Königsbanns von 60 Solidi und bei kleineren Sachen der Grafenbann von 15 Solidi anvertraut wird. Ein Unterschied für die einzelnen Stände — was für die Lex Saxonum von Wichtigkeit — wird nicht gemacht.

In den letzten Capiteln des Gesetzes ist von Eiden, für deren Bruch das altsächsische strenge Recht bestätigt wird[1]), und von allgemeinen Landesversammlungen die Rede. Letztere werden auf das Bestimmteste untersagt, es sei denn, daß der Königsbote sie zusammen riefe[2]). Es soll vielmehr ein jeder Graf in seinem Bezirke, d. h. wol nur in seinem Comital, Gerichtsversammlungen halten und für das Recht sorgen. Auch daß dieses nicht anders geschehe, haben die Geistlichen zu beachten, wol weil sie Franken, die Grafen aber meistens Sachsen waren, die bisher geneigt sein mochten, zu dem alten Brauch zurückzukehren. — Diese letztern Bestimmungen sind offenbar hier, hinter dem kirchlichen und politischen Theil angefügt, weil sie zu beiden gehören, und sich daher in der auffallend systematischen Anordnung des Capitulars auf solche Weise am besten unterbringen ließen.

Der Inhalt des Gesetzes weist es genugsam aus, daß durch die Anordnungen desselben die heidnischen sächsischen Zustände in die christlichen des fränkischen Reiches übergeleitet werden sollen. Das Gesetz war ein Uebergangsedikt. Die strengen Strafen für kirchliche Vergehen werden nach dem Willen des Gesetzgebers nur so lange haben in Geltung bleiben sollen, bis die Sachsen mit dem

1) S. oben S. 10 ff.
2) S. oben S. 40, Note 2. Die Stelle fährt fort: Et hoc a sacerdotis consideretur, ne aliter faciat.

Geiste des Christenthums erfüllt sein, ganz von selbst, wie andere Gläubige, für etwaige Verstöße gegen den kirchlichen Brauch reumüthig zu ihrem Beichtvater gehen würden. Die Ausstattung der Kirche machte andere Theile des Ediktes unnöthig, während wieder Bestimmungen, wie über das Asylrecht der Kirche, über Todschlag der Geistlichen, über deren Einfluß in bürgerlichen Sachen sich mit den Grundsätzen nicht vertragen, wie sie sonst im Reiche üblich, so daß von dieser Seite her eine Abänderung mit der Zeit erforderlich werden mußte. Für viele Verhältnisse, welche sich auf die Rechtsordnung im Lande selbst bezogen, wird bei diesem ersten Gesetz keine Sorge getragen sein, weil sich dasselbe überhaupt nur auf die Einführung christlicher und fränkischer Ordnung im Sachsenlande beziehen sollte.

Nachdem dann aber seine Herrschaft bei den Sachsen festere Wurzeln geschlagen, hat Karl der Große ein zweites Gesetz[1] für jene erlassen, das ergänzend dem früheren zur Seite tritt, auch bereits Christenthum und Anerkennung der fränkischen Herrschaft voraussetzt.

Das Capitulare saxonicum unterscheidet sich bereits dadurch sehr merklich von dem früheren sächsischen Capitular, daß in ihm der Zustimmung der Sachsen selbst gedacht wird, wie es im fränkischen Reiche für allgemeine Gesetze üblich war. In dem frühern Gesetze ist nur von der „Zustimmung aller" die Rede, ohne daß angegeben wurde, wer denn diese gewesen, hier aber heißt es in dem feierlichen Eingange, daß im Jahre der Fleischwerdung des Herrn 797 am 28. Oktober neben Bischöfen, Aebten und Grafen auch Sachsen aus den verschiedenen Gauen, sowohl von Westfalen als auch von Engern und von Ostfalen in dem Palatium zu Aachen versammelt gewesen seien, und daß sie alle den nachfolgenden gesetzlichen Bestimmungen zugestimmt hätten. Es liegt darin die Anerkennung, daß die Sachsen nunmehr ein Glied des Reiches geworden. Und das Capitular hatte dann den wichtigen Zweck, einmal das Gerichtswesen bei den Sachsen überhaupt zu ordnen, sodann aber für das Strafrecht dieselben Grundlagen einzuführen, welche sich bei den Franken bewährt, wobei freilich, wie billig, auf

---

1) Gelegentlich bemerke ich hier noch, daß zu der Constitutio Scabiningorum welche nach Harenberg in den LL. II, 2, 1 abgedruckt ist, wol die Capitulatio de partibus Saxoniae braucht [ein wird; über die Unächtheit kann meines Erachtens kein Zweifel sein, vgl. Waitz III, 122; Abel I, 335.

die besonderen Volkszustände der Sachsen Rückficht genommen wurde.

Durch das Capitulare saxonicum wurden bei den Sachsen die acht Bannfälle der Franken eingeführt. Allerdings geschieht bereits in dem frühern Gesetze der Buße von 60 Solidi Erwähnung. Doch ist dieselbe dort gegen kirchliche Vergehen gerichtet, für die die Franken sie nicht konnten. Nur die Bedrohung einer Hemmung des Rechtsganges entspricht in dem Capitular fränkischen Einrichtungen, weshalb hier auch, im Gegensatz zu jener gleich hohen Buße, einfach von „nostrum bannum", ohne die Höhe desselben anzugeben, gesprochen wird. Dann wurde freilich dort auch dem Grafen das Recht gegeben, diesen Bann von 60 Solidi, den Königsbann, für Rache und causae majores zu erheben, allein unter letzteren waren die acht Bannfälle nicht verstanden. Eine Definition der größeren Fälle in einer für Spanien erlassenen Verordnung[1] widerspricht da bereits; für uns ist es aber wichtiger, daß zwei der Bannfälle bisher geradezu ausgeschlossen waren von jener Bedrohung mit dem Königsbann. Viele Frevel gegen Kirchen wurden nach der Capitulatio de partibus Saxoniae selbst und die Brandstiftung nach sächsischem Rechte[2] mit dem Tode bestraft. Nach der Einführung der acht Bannfälle sollte das anders werden.

Das Capitulare saxonicum bestimmt, die Sachsen hätten für dieselben Fälle wie die Franken den Königsbann von 60 Solidi zu erlegen. Hier ist überhaupt nur von „Sachsen" die Rede, ein Unterschied der Stände wird da ebenso wenig gemacht, als für einen erhöhten Bann, den wir hier gleichfalls finden. Dem Könige wurde nämlich von den Franken und Getreuen der Sachsen zugestanden, den Betrag des Bannes auf das Doppelte, ja bis auf tausend Solidi zu erhöhen, um so den Frieden zu erhalten, Faida und schwerere Verbrechen zu bestrafen. Durch die Einführung dieses erhöhten Bannes, dessen Anwendung, die in das Belieben des Königs gelegt, in manchen Fällen wol einer Confiscation des Vermögens gleich kommen mochte, war die Möglichkeit gegeben, den Betrag mancher Strafsummen ungenannt zu lassen, da deren Höhe nach verschiedenen Gesichtspunkten verschieden sein konnte. Diese Unbestimmtheit des Strafmaßes wird wol mit veranlaßt sein, durch den

1) S. die Stelle aus dem Praeceptum pro Hispania Cap. 2 bei Walt IV, 388, auf deren Erläuterung ich auch verweise.
2) S. oben S. 21 ff.

Unterſchied zwiſchen dem bisherigen ſächſiſchen und dem fränkiſchen
Strafrecht. Auf die Ausgleichung beider bezieht ſich ein ſehr weſent-
licher Theil des Capitulare saxonicum.

Durch die Verbindung Sachſens mit dem fränkiſchen Reiche
war die Möglichkeit gegeben von dem Gerichte der Volksverſamm-
lung an den König zu appelliren. Es war darauf bereits in dem
frühern Geſetze Bezug genommen[1]), hier aber wurde die Sache
genauer geregelt, und dabei namentlich auch beſtimmt, wie es nun
mit einer zälbſelhaften Buße, der Warzida, gehalten werden ſolle,
welche für die Urtheilsfindung zu erlegen war. Eine völlige Um-
änderung erfuhr aber die ſächſiſche Strafe für Brandſtiftung. Die
Todesſtrafe wurde — wie ſchon erwähnt — beſeitigt und der Königsbann trat an deren Stelle, was ausdrücklich hervorgehoben
wird. Dieſe Aenderung iſt vorgenommen im Anſchluß an die
nähern Beſtimmungen über den Fortbeſtand einer eigenthümlichen
Strafe, des Niederbrennens des Hauſes eines, der ſich hartnäckig
weigert zu Recht zu ſtehen, einer Strafe, die ſich bei den Franken
nicht gefunden haben wird. Iſt nun in jener Herabſetzung der
Strafe für Brandſtiftung bereits eine Milderung des ſtrengen ſächſiſchen Rechtes zu erkennen, ſo tritt die Abſicht, eine ſolche eintreten
zu laſſen, doch noch deutlicher darin hervor, daß der König ſich das
Recht geben ließ, diejenigen Uebelthäter, welche nach ſächſiſchem
Volksrecht das Leben verwirkt, und ſeine Gnade anrufen würden,
entweder nach eignem Ermeſſen trotzdem tödten zu laſſen, oder ſie
mit Einwilligung der Sachſen, mit Weib und Kind und aller
Habe ins Exil zu ſenden. Ein ſolcher ſoll dann gleichſam geſtor-
ben ſein. Es war ſo die Möglichkeit gegeben, das ſtrenge ſächſiſche
Strafrecht, welches mannigfach der gelindern fränkiſchen Auffaſſung
nicht entſprechen konnte, mit dieſer auszugleichen, und das mußte
erforderlich ſein, wenn bei Franken und Sachſen demnächſt für Verbrechen gegen Perſonen, in vielen Fällen auch wol gegen das Eigenthum, ein und daſſelbe Strafrecht gelten ſollte, wie es durch Einführung der acht Bannfälle, auf die als Grundlage des fränkiſchen
Strafrechts auch bei Baiern und Longobarden entſchieden Gewicht
gelegt wird[2]), für die Zukunft beabſichtigt geweſen ſein muß.

---

[1] S. oben S. 45.
[2] Waitz III, 276. — Dieſe Milderung drang nicht in das ſächſiſche Volks-
bewußtſein, ſ. oben S. 22 N. 1.

Eine Reihe der schwersten Verbrechen, unter deren Begriff auch noch viele andere zu bringen waren, sollten also nun, wie bei den Franken so auch bei den Sachsen, mit dem Bann von 60 Solidi bedroht sein. Wie bei den Franken, so war auch bei den Sachsen auf einen Unterschied der Stände dabei keine Rücksicht genommen. Anders aber sind die kleinen Vergehen beurtheilt worden, die nur mit dem Bann des Grafen bedroht waren.

Nach der Capitulatio de partibus Saxoniae sollte der Grafenbann für die geringeren Strafen 15 Solidi betragen[1]. Es war die gleiche Höhe im fränkischen Reiche für eine lange Reihe einzelner Vergehen vorgeschrieben, so daß auch hier also der Grafenbann 15 Solidi betragen haben wird. Auf diesen kleinen Bann muß sich aber alsdann auch die Bestimmung des Capitulare saxonicum beziehen, nach der in den Fällen, wo die Franken 15 Solidi erlegen mußten, von den Edlen der Sachsen 12, von den Freien 6, von den Liten 4 Solidi als Bußgelder zu geben waren[2]. Es ergiebt sich, daß durch dieses zweite Gesetz für Sachsen die Höhe des Königsbanns zwar für Sachsen beibehalten, dahingegen die des Grafenbanns nicht allein herabgesetzt, sondern auch nach den Ständen abgestuft ist.

Nach verschiedenen Seiten hin ist dieser kleine Bann mit seinen Abstufungen von großem Interesse. Die Herabsetzung desselben wird wol durch die Münzverhältnisse bei den Sachsen veranlaßt sein. Der Gebrauch des Geldes, die Einführung von Münzen zu praktischem Gebrauch, ist zweifelsohne bei den Sachsen erst durch die Franken geschehen. Möglich kann es ja freilich sein, daß sie den fränkischen Solidus bereits früher gekannt und darnach gerechnet haben: jedenfalls muß aber sogar jetzt die Münze selbst in nur geringer Anzahl im Lande

1) Cap. 31: — de minoribus vero causis comitis bannum in solidos 15 constituimus.
2) Cap. 3: Item placuit omnibus Saxonibus, ut ubicunque Franci secundum legem solidos 15 solvere debent, ibi nobiliores Saxones solidos 12, ingenui 6, liti 4 componant. — Der Komparativ nobiliores ist hier und Cap. 5 sicher fränkischer Auffassung entsprungen; s. Waitz III, 137 und IV, 280 u. 4.
Im Text habe ich die „5" bei ingenui in „6" verwandelt, wie bereits früher von Wilda p. 461, Walter §. 439 u. 5 u. a. vorgeschlagen. Auch ich bin der Ansicht, daß hier nothwendig ein Schreibfehler vorliegen muß, denn die „5" läßt gar keine passende Verhältnißzahlen zu. Um diese zu gewinnen, möchte Maurer, Adel p. 117 bei Freien und Liten 6 und 3 lesen, also beide Zahlen ändern, wodurch eine Uebereinstimmung mit Cap. 5 und Capitul. de partib. Capp. 19, 20, 21 erreicht wäre. Allein Lex Saxonum Cap. 36 würde neue Schwierigkeiten machen, die beseitigt bleiben, wenn die Emendation auf die „5" beschränkt wird.

gewesen sein, und die Schätzung nach dem fränkischen Gelde muß
unsicher, schwierig gewesen sein. Daher sah sich Karl veranlaßt,
diesem Capitulare saxonicum ein Capitel anzuhängen, welches die
Schätzung des fränkischen Solidus in Getreide, Honig und Vieh, den
gebräuchlichsten Tauschartikeln im Sachsenlande, geben sollte. Nicht
wie in dem frankfurter Capitular von 794 finden wir hier den
Preis des Getreides angegeben, sondern er wurde umgekehrt bestimmt: quales debent solidi esse Saxonum [1]). Und das ist denn
auch nicht, wie drei Jahre zuvor in Frankfurt, aus einem gewissen
volkswirthschaftlichen Grunde geschehen, sondern mit ausbrücklicher
Bezugnahme auf die aestimatio compositionis. Es ergiebt sich
daraus, daß die Solidi bei den Sachsen noch nicht allgemeinen
Eingang gefunden, daß sie wenigstens noch nicht in gehöriger Anzahl vorhanden waren, um dem Bedürfniß der Gerichtsbußen dadurch genügen zu können. Alsdann müssen sie aber auch, eben
weil sie eine gesuchte, seltenere Waare waren, einen höheren Werth
gehabt haben als im übrigen Frankenreich, wo schon seit langer
Zeit Geldumlauf stattfand. Dieser höhere Werth zeigt sich in den
Getreidepreisen, wenn wir den fränkischen Modius zu zwei sächsischen Scheffeln rechnen[2]), und dann die Berechnung des Solidus
in dem Capitulare saxonicum mit den Angaben über die Getrei-
depreise in dem frankfurter Capitular — die wir als Normalpreise
betrachten können[3]) — vergleichen. Mochten nun die Bußen wirklich in fränkischen Solidi oder in Naturalprodukten gegeben werden: immer mußten die Sachsen verhältnißmäßig mehr geben, als die
Franken, trotz etwaiger nomineller Gleichheit des Werthes. Daraus
mag sich die Herabsetzung des kleinen Bannes erklären, während eine
verhältnißmäßig größere Höhe des großen Banns, für welchen das
Reich überhaupt keine schwankende Summe kannte, gerade als Ver-
schärfung für Sachsen bei schweren Strafen erwünscht sein mochte.

Mag nun aber auf jene Weise die niedere Summe des kleinen
Banns zu erklären sein oder nicht: es ergiebt sich aus der Aufzäh-
lung des Capitulars, daß die Franken sich nicht gleich mit den
Freien, sondern mit dem Adel der Sachsen stellten. Dessen Bann-

1) S. oben S. 28 ff.
2) Woher ich auf dieses Verhältniß gekommen, habe ich, bei häufiger Unter-
brechung der Arbeit, nicht wieder finden können. Absichtlich unterlasse ich deshalb eine näher eingehende Erörterung.
3) Vgl. Sortver in den Forschungen VI, 73 ff.

buße von 12 Sollbi stand der ihrigen von 15 am nächsten. Und dieses tritt auch in einem andern Capitel des Capitulare saxonicum hervor. Es wird hier bestimmt, daß Eble für eine nicht beachtete Bannitio 4 Solidi, Freie 2, Liten 1 Sollbus zu entrichten hätten. Das von den Bestimmungen über den kleinen Bann abweichende Verhältniß der Stände lassen wir einstweilen zur Seite. Vier Solidi werden aber auch in einer Rechtsaufzeichnung für die chamavischen Franken als Buße für versäumte Bannitio festgesetzt[1]), woraus wir wieder ersehen, daß der sächsische Eble, nicht der Frale, von den Franken sich gleich gestellt wurde. Vielleicht ist dasselbe daraus zu schließen, daß in dem frühern Capitular der Betrag der kirchlichen Bußen, soweit sie in Geld ausgedrückt waren, für den Eblen gleich dem fränkischen Königsbann von 60 Solibi waren. Später ist dann auch der fränkische Concipient der Lex Saxonum von dieser Gleichstellung des eblen Sachsen mit dem fränkischen Gemeinfreien ausgegangen, indem er bei seinen Angaben der Bußsätze von Jenem, dem Eblen, der diesem gleichstand, ausging, sie, nicht wie sonst gewöhnlich die des Gemeinfreien, seinen Berechnungen zu Grunde legte. Es erklärt sich diese Gleichstellung des Gemeinfreien der Franken mit den Eblen der Sachsen sehr leicht aus der bedeutend niedrigeren Stellung, welche bei letzteren der Gemeinfreie einnahm. Bei den Sachsen stand der Freie dem Liten viel näher als dem Adel, was sich auch in den fränkischen Bußansätzen ausspricht[2]). Auffallend ist nur, daß wir zweifache Angaben über das Verhältniß der Stände in den Bußsätzen finden. Beide kommen in diesem Capitulare saxonicum vor. Für den kleinen Bann[3]) findet sich das Verhältniß 2:1:½, für die Bannitio 2:1:¼. Das erstere Verhältniß, welches für die Liten eine vortheilhaftere

---

1) Lex Chamavor. Cap. 40 (Walter II, 267, Cap. 33): 81 quis comes ad placitum suum hominem bannit, et ibi non venerit, in fredo solidos quatuor componat. — Hier wie sonst häufig. Waitz IV, 820 n. 1, scheint mir bannire eben dasselbe zu sein, wie im Capit. saxon. Cap. 5 das mannire.
Was diese Mannitio oder Bannitio an den beiden Stellen zu bedeuten habe, brauche ich nicht zu untersuchen. Ich vermuthe, daß von dem Befehl zum Erscheinen ohne Rücksicht auf besondere Anlaß die Rede ist, dessen Befolgung in der Lex Chamav. auf ältern Herkommen beruhen kann, während für Karl ein politischer Anlaß vorliegen mochte für Sachsen die Folgeleistung des Befehls zu verlangen, wenn er auch sonst einen solchen überhaupt nicht bilden wollte. Vgl. Waitz IV, 822 ff.
2) S. oben S. 36.
3) S. oben S. n. 50 N. 2.

Stellung voraussetzt, wird deren Abstand von den Freien einen richtigeren Ausdruck gegeben haben und ist vielleicht deßhalb in dieses spätere Capitular, das zu einer Zeit erlassen wurde, in der die sächsischen Zustände den Franken bereits mehr bekannt waren, aufgenommen. Wir finden es später auch in der Lex Saxonum. Wenn das zweite Verhältniß (2 : 1 : ½), welches sich durchgehends in dem ersten Capitular für kirchliche Bußen findet, doch daneben beibehalten blieb, so hat dieses vielleicht — denn über eine ganz vage Muthmaßung ist nicht hinaus zu kommen — darin seinen Grund, daß es für kirchliche Dinge fortbestehen sollte, und daß den Geistlichen durch das frühere Capitular eine gewisse Aufsicht über die Gerichtsversammlungen gegeben war[1]), die ihnen wol bleiben sollte.

Ein auffallender Unterschied blieb aber immer zwischen der Werthschätzung des sächsischen Edeln in seinem Volke und der des Gemeinfreien der Franken in dem seinen. Zwischen dem Wergelbe beider war eine große Differenz. Der sächsische Edle hatte, wir brauchen es nicht zu bezweifeln, ein Wergeld von 1440, der freie Franke nur von 200 Solidi. Diese Werthschätzung wurzelte in dem Bewußtsein des Volkes, das dabei allerdings an reales Vermögen angeknüpft haben wird. Die fränkische Regierung konnte die Werthschätzung, wenn sie ihr vielleicht auch einen andern Ausdruck gab, im wesentlichen nicht ändern, sicher nicht herabsetzen; wol aber konnte sie die Franken vor offenbarer Benachtheilgung durch die Verschiedenheit des Wergeldes schützen. Das wird durch Kaiser Ludwig den Frommen im Jahr 816 geschehen sein, der damit vielleicht eine ältere Bestimmung seines Vaters wiederholte[2]). Das Gesetz verkündete, Bußzahlungen sollten in dem neuen Silbersolidus zu 12 Denaren geschehen, es sei denn, daß ein Wergeld zu erlegen sei, wenn ein Sachse oder ein Friese einen Salier erschlagen. In diesem Fall soll nach dem alten Goldsolidus zu 40 Denaren gerechnet werden[3]). Dadurch waren Sachsen und Friesen in Nachtheil;

1) S. oben S. 46. — Ist vielleicht auf diese Aufsicht noch mehr Gewicht zu legen? Sind vielleicht die christlichen Geistlichen für die Gerichtsversammlungen an die Stelle sächsischer Priester getreten, so daß sie Frieden zu gebieten hatten?
2) Vgl. über das Gesetz Borctius p. 119 ff. und p. 140 ff., wo weiter ausgeführt wird, was bereits von Waitz. Abhdl. der Gesell. der Wissensch. Göttingen 1860 p. 256 bemerkt.
3) Capit., quae Hludow. addere Jussit, Cap. 2, LL. 1, 196: De omnibus debitis solvendis — per duodecim denarios solidus solvatur per totam Salicam

fie mußten für einen erschlagenen Franken also ein viel höheres
Wergeld zahlen, als dieses von einem Franken geschehen wäre.
Das Wergeld des Franken aber kam dadurch dem des sächsischen
Edeln, der ihm gleich stand, viel näher. Erreichte jenes auch noch
nicht die 1440 Solidi dieses, so kam er doch auf 666⅔ Solidi,
und wenn der Franke dreifaches Wergeld hatte, wie wol die meisten
Franken, die, wenigstens in Sachsen selbst, mit diesem Volke in
Berührung kamen, so überstieg sein Wergeld (2000 Solidi) das
der sächsischen Edeln beträchtlich. Es mag dieses ein Versuch gewesen sein, den vorhandenen Abstand für solche, deren Gleichstellung
sonst mehrfach hervortritt, durch die Anwendung einer schwereren
Münze, die nur noch als Rechnungsmünze in Betracht kam, her-
beizuführen [1]).

Das Capitulare saxonicum hat endlich noch Bestimmungen
aufgenommen, welche die Capitulatio de partibus Saxoniae in
Bezug auf Verbrechen gegen Geistliche und Missi ergänzen. Der
Todschlag jener war dort mit dem Tode bedroht, über widerrechtliche Gewaltsamkeiten gegen ihr Eigenthum waren aber keine Verfügungen getroffen. Dem ist nun abgeholfen, indem bestimmt
wurde, alles Unrecht, was jemand den Priestern oder deren Leuten
zugefügt, oder wenn ihnen ungerechter Weise etwas entzogen, solle
doppelt zurückerstattet und gebüßt werden. Es wird sich diese Bestimmung wol vorzugsweise auf die Entziehung von Grundbesitz beziehen [2]), womit, nach dem frühern Capitular, die Kirchen auszustat-

legem, excepto leudis, si Saxo aut Friso Salicum occiderit per 40 dinarios
solvant solidum. — Ein Zusatz dabei diese Zahlung dann noch auf alle contro-
versia aus, quae bii contra Salichum habuerint, womit das verwandte Capital.
p. 85 Cap. 11 stimmen würde, welches jene Berechnung überhaupt für die con-
tentio contra Saxones et Frisones grün läßt. Sofern sich dieses, wie ich nicht
bezweifle, nur auf die kleinen Bußen bezieht, hindert nichts, auch dafür den im
Text angenommenen Grund gelten zu lassen.
1) Walz a. a. O., auch Soetbeer, Forsch. IV, 271 sehen eine besondere
Strenge gegen Sachsen und Friesen in dieser Anwendung des Goldsolidus. Da
gehen aber beide offenbar von der Ansicht aus, daß das von den Franken bei den
Sachsen eingeführte Strafrecht besonders strenge gewesen sei. Dieses war aber,
mit Ausnahme der kirchlichen Strafen, nicht der Fall.
Wenn ich den Friso unberücksichtigt ließ, so wird mir das Niemand ver-
argen, der den Irrgängen des friesischen Münzwesens einmal nachgegangen und
weiß, daß Soetbeer uns darüber eine Abhandlung versprochen.
2) — contrarium facere aut tollere praesumpserit contra justitiam. Walz
III, 181 bezieht dieses allgemein auf Verbrechen. Allein ich vermag nicht anzunehmen, daß z. B. von der Todesstrafe für Tödtung der Priester sogleich der
Uebergang zu nur doppeltem Wergeld gemacht ist, zumal da sechs Jahr später
das Wergeld der Presbyter bei den Franken auf das dreifache festgesetzt wurde;

ten waren. — Der Todschlag des Königsboten war, während für
den des Grafen die Strafe der Confiscation verhängt wurde, in
dem ersten Capitular gar nicht vorgesehen. Hier wurde, übereinstimmend mit sonstigem fränkischen Recht[1]), ihnen dreifaches Wergeld auch bei den Sachsen beigelegt und ebenso sollten die gegen
Leute derselben verübten Verbrechen dreifach gebüßt werden.
Damit ist der Inhalt des Capitulare saxonicum erschöpft.

Andere, eigens für Sachsen erlassene Gesetze fränkischer Könige
sind uns nicht bekannt. Vielleicht wurden hinfort in einzelnen allgemeinen Gesetzen die Besonderheiten Sachsens vorzugsweise berücksichtigt, — wie in jenem Capitular, in dem von dem Todschlag eines
Franken durch einen Sachsen gehandelt wird, — doch sind möglicherweise auch noch besondere, eigene Gesetze für Sachsen erlassen und
uns verloren. Es weisen darauf zwei Capitel hin, die uns Ansegis
in seiner Sammlung überliefert hat[2]). Es scheinen dieselben ein
Bruchstück eines für Sachsen erlassenen, für uns aber verlorenen
Capitulars aus der letzten Zeit Karl des Großen zu sein. — Räth-
selhaft, wie ihr Ursprung, ist auch der Inhalt jener beiden Capitel.
Er bezieht sich auf eigenmächtige Ergreifung und Anklage, sowie
auf widerrechtliche Hinderung der Pfändung von Pferden auf frem-
dem Acker. Eigenthümlich ist, daß hier eine Stellung der Knechte
vorausgesetzt wird — indem von ihrer, nicht von des Herrn Buße
die Rede ist — die mit anderen Nachrichten nicht übereinstimmt.
Der Zweck des verlorenen Capitulars scheint gewesen zu sein, mit
äußerster Strenge Selbsthülfe bei den Sachsen entgegen zu treten.
Die widerrechtliche Hinderung von Pfändung der Pferde soll mit
dreifacher Buße, Königsbann und Handabhauen gesühnt werden.
Doch läßt sich aus dem Bruchstücke kein sicherer Gesichtspunkt
gewinnen, um die ferneren Bestrebungen der karolingischen Gesetzgebung bei den Sachsen zu beurtheilen.

Neben diesem und dem Gesetzesrechte, welches durch die Gültigkeit der allgemeinen Capitularien für Sachsen geschaffen wurde,

Capit. de log. sal. mitt. 803, Cap. 1. — Für Diebstahl wäre aber die Strafe
nach sächsischer Auffassung viel zu gering. Der Versuch, den Kirchen, zumal bei
der Schutzlosigkeit derselben, einen Theil ihrer Ausstattung zu entziehen, mag
häufigeren oft vorgekommen sein. Mißglückte der Versuch, so sollte — dies ist
der Kern meiner Ansicht — doppelt zurückgegeben werden, was man zu entziehen
versucht. Auch auf Zehnten mag sich die Bestimmung beziehen.

1) Walh III, 379.
2) Anseg. Capit. addit. sec., Cap. 31, 35; LL. I, 324; vgl. Borctius p. 96 ff

galt hier nun selbstverständlich wie bei den andern Volksstämmen des Reiches, auch das Gewohnheitsrecht fort[1]). An dieses wird immer zunächst zu denken sein, wenn in Gesetzen und auch in andern schriftlichen Aufzeichnungen[2]) ganz im allgemeinen vom Recht, oder vom Recht der Sachsen die Rede ist. Doch könnte ja allerdings auch unsere Lex Saxonum darunter verstanden sein, und in dem Werke eines jüngern Historikers, des Widukind von Corvey[3]), ist an sie vielleicht gedacht. Ist das auch in den Gesetzen der Fall?

Vom Recht im Allgemeinen, wofür die Quellen jener Zeit synonym ewa und lex gebrauchen, ist in den karolingischen Gesetzen für Sachsen nur einige Male die Rede. In der Capitulatio de partibus Saxoniae wird für die Bestrafung der Meineidigen auf die Lex Saxonorum verwiesen[4]). Ferner gebraucht das Capitulare saxonicum, welches auch von der consuetudo der Sachsen spricht, mehrfach den Ausdruck ewa, oder auch geradezu ewa Saxonum, und es wird hier sicher, mit Ausnahme einer Stelle, auf das sächsische Gewohnheitsrecht verwiesen sein[5]). Endlich bezieht sich noch das erwähnte Bruchstück auf die lex und ewa der Sachsen[6]).

Diese Verweise der Capitularien auf das sächsische Recht passen sachlich nur zum kleinen Theil auf die Lex. Wo in der Capitulatio de partibus Saxoniae in Betreff der Meineidigen auf das sächsische Recht verwiesen ist, und wo im Capitulare saxonicum die Todesstrafen der Sachsen erwähnt werden, könnte allein an die Lex Saxonum gedacht sein. Aller weiteren Gründe zu geschweigen, ist dieses jedoch schon deshalb nicht zulässig, da unsere Lex aus jüngerer Zeit stammt als jene Gesetze.

Um die Zeit der Abfassung der Lex Saxonum zu bestimmen, giebt uns dieselbe mehrere Anhaltspunkte.

Dahin möchte weniger zu zählen sein, daß von dem „rex Francorum", nicht von dem imperator gesprochen wird[7]). Selbst in

---

1) Vgl. Walp III, 145 ff.
2) Z. B. Trad. Corb. No. 363: vestituram si ferit secundum morem saxonice legis cum terre cespite et virido ramo arboris.
3) Res gest. Saxon. I, 14 (es ist von den drei Volksstämmen die Rede): De legum vero varietate nostrorum non est in hoc libello disserere, cum apud plures inventatur lex saxonica diligenter descripta.
4) S. oben S. 9 ff.
5) Capp. 8 und 10; im Cap. 7 wird schwerlich an die ewa Saxonum gedacht sein.
6) — secundum legem et secundum ewam.
7) Cap. 24: Qui in regnum vel in regem Francorum vel filios ejus. — Cap. 62: ad ecclesiam vel regi. — Cap. 64: qui tunc a rege — constitutus est. — Cap. 65: illius regis.

Gesetzen wird nicht durchweg zwischen dem ältern und dem neuen
Titel des Herrschers und seiner Stellung unterschieden[1]), weshalb
hier sicher kein Gewicht darauf gelegt werden darf. Wichtiger möchte
es schon sein, daß die Söhne des Königs der Franken erwähnt
werden. Es ist überhaupt anzunehmen, daß die Lex Saxonum
zur Zeit Karl des Großen abgefaßt wurde. Darauf gerade weist
auch der Ausdruck rex Francorum hin, da dieser Titel von Ludwig
nicht mehr gebraucht wurde[2]). Der Gesammtinhalt, welcher eine
Zeit voraussetzt, in der die Frankenherrschaft nur erst sehr schwach
in Sachsen begründet war, ist aber noch entschiedener für die Zeit
Karls anzuführen. Alsdann muß aber jene Stelle, in der die
Söhne des Königs erwähnt werden, vor 811 geschrieben sein, da
Karl seit diesem Jahre nur noch einen Sohn hatte. Eine gewisse
Beglaubigung erhält die Angabe der Lex noch dadurch, daß wir
von anderer Seite erfahren, die Sachsen hätten, was dort voraus-
zusetzen ist, dem Könige Karl und seinen Söhnen Treue gelobt[3]).
Als jüngste Zeit der Abfassung der Lex Saxonum möchte dem-
nach das Jahr 811 anzunehmen sein.

Die Zeitgrenze nach der andern Seite hin läßt sich nicht
finden durch eine Vergleichung des Wortlautes mit den für Sachsen
erlassenen und uns erhaltenen Gesetzen[4]). Irgend eine Abhängigkeit
der Texte der drei Rechtsaufzeichnungen, aus der wir auf die Zeit-
folge derselben schließen könnten, ist nicht zu entdecken. Es findet
sich vielmehr in der Lex Saxonum so viel Widerspruch mit der
karolingischen Gesetzgebung, daß wir schließen müssen, beide seien
unabhängig von einander. Die geringe Uebereinstimmung in ihren
Angaben ist in den Verhältnissen begründet, auf welche sich alle
Aufzeichnungen beziehen.

Aber freilich sind diese Verhältnisse zum Theil gerade durch
die fränkischen Gesetze geschaffen. Wir gewinnen dadurch ein Krite-
rium für die Zeit der Abfassung der Lex Saxonum, dessen Benutzung
allerdings deshalb einigen Schwierigkeiten unterliegt, weil sich für
Einzelheiten nicht ganz entscheiden läßt, ob die karolingische Gesetz-

---

1) Vgl. Waitz III, 208 ff.
2) Waitz III, 207; Stumpf, Reichskanzler I, 80 ff.
3) Annal. Lauriss. maj. zu 777, 88. I, 158: nisi conservarent in omnibus
christianitatem vel fidelitatem supradicti domni Caroli regis et filiorum ejus
vel Francorum.
4) S. oben S. 17 ff.

gebung altfächfifche Zuftände neu befeftigen ober, vielleicht anknüpfenb, neue fchaffen wolle.

Aus biefem letztern Grunbe läßt fich baher nur mit Wahrfcheinlichkeit, nicht mit Gewißheit fagen, baß bie Lex Saxonum nach ber Capitulatio de partibus Saxoniae abgefaßt fei. Allerbings wirb höchft wahrfcheinlich erft burch letzteres Gefetz bie Orbnung bes fränkifchen Reiches in Sachfen eingeführt fein unb bie Lex Saxonum fetzt ja biefe Orbnung voraus. Befonbers möchte bie Erwähnung bes Bannes[1], fowie ber Tobesftrafe für ben Tobfchlag bes Herrn[2], barauf hinweifen, baß bie Capitulatio bereits erlaffen war, als bie Lex aufgezeichnet wurbe. — Doch verlieren all biefe Gefichtspunkte ihren, bazu noch fehr zweifelhaften Werth burch viel pofitivere Anhaltspunkte für bie Beftimmung ber Zeit ber Abfaffung.

Durch bie Capitulatio de partibus Saxoniae wurbe bei ben Sachfen ber kleine Bann zu bemfelben Betrage, wie burchfchnittlich auch bei ben Franken, zu 15 Solibi eingeführt. Das Capitulare saxonicum änberte biefes 797 ab, inbem es beftimmte, baß in ben Fällen, wo bie Franken 15 Solibi zahlen mußten, bie Eblen ber Sachfen 12, bie Freien 6, bie Liten 4 Solibi zu büßen hätten[3]. Nun mußte nach ber Lex Saxonum Diebftahl zu einem Werthe von weniger als brei Solibi mit neunfachem Erfatz, unb einem Friebensgelbe (fredus) im Betrage von 12 Solibi für ben Eblen, von 6 für ben Freien unb von 4 für ben Liten gebüßt werben[4]. Diefe Bußanfätze ber Lex Saxonum ftimmen alfo mit bem Bann überein, wie er 797 burch bas Capitulare saxonicum bei ben Sachfen eingeführt wurbe. Der fränkifche Bann unb bas fächfifche Friebensgelb werben eben ein unb baffelbe fein.

Friebensgelb ober Fredus war urfprünglich ber beftimmte Antheil an ber Buße für ein Vergehen, ber ber Gefammtheit als Sühne für ihre geftörte Orbnung, b. i. ihr Recht, zufiel. Die Größe bes Fredus fchwankte baher je nach ber Größe ber Buße. Später kam bas Friebensgelb bem Könige zu, unb fiel ba oft mit bem Banne zufammen, ber angebrohten Strafe für Nichtachtung ber Befehle bes Königs. In ber Zeit Karl bes Großen kommt ber

1) Cap. 23.
2) Cap. 24, f. oben S. 32 ff.
3) S. oben S. 50.
4) Cap. 38. — Merkel hat nicht bie abweichenbe Lesart bes Cob. 3 notirt: 8) über simililiter. 8) litus u. f. w.

Frebus als ein königliches Einkommen von alters her[1]), auch noch in alter Weise als bestimmter, als dritter Theil des Schadenersatzes[2]), daneben, so besonders in dem Rechte der Friesen und dem der Thüringer, geradezu als Bann an den König vor.

Auch bei den Sachsen wird der Frebus früher zweifelsohne einen Theil des Schadenersatzes ausgemacht haben. Es mag sich auf diese alte Buße noch eine Stelle in der Capitulatio de partibus Saxoniae beziehen[3]). Bei jenem Frebus der Lex Saxonum kann jedoch nicht an das alte Friedensgeld, den bestimmten Theil an der Buße gedacht sein, weil sich mit dessen Wesen nicht eine firirte Höhe vertrug und weil von den Sachsen, die zäher als irgend ein anderer Volksstamm an dem von alters Hergebrachtem hingen, gar nicht anzunehmen ist, daß sie diese Buße in der Weise ohne den Einfluß der fränkischen Herrschaft geändert. Der Frebus der Lex Saxonum ist gewiß nichts anderes als die abgeflußte Buße, der Bann des Capitulare saxonicum, woraus sich dann ergiebt, daß die Lex nach dem Jahre 797 abgefaßt ist.

Doch auch damit sind unsere Anhaltspunkte noch nicht erschöpft. Es findet sich zwischen der Lex Saxonum und den Capitula, quae in lege Ripuaria mittenda sunt[4]), die im Jahre 803 erlassen sein werden, so viele wörtliche Uebereinstimmung, daß die Terte ganz offenbar von einander abhängig sind[5]). Zur Abfassung des einen

1) Capit. Aquisgr. 812, Cap. 10; LL. 1, 174.
2) Capit. Longob. Cap. 24, p. 86; Capit. Aquisgr. 817, Cap. 10, p. 212; vgl. ebendas. Cap. 9 und Capit. missor. 802, Cap. 14 p. 98. — Im Capit. Aquisgr. 317 Cap. 2 p. 210 ist zu dem alten, an die Kirchen mit verliehenen Frebus noch der Bann hinzugefügt.
3) Cap. 16: placuit, ut undecunque census aliquid ad fiscum pervenerit, sive in frido, sive in qualecunque banno et in omni redibutione ad regem pertinente. — Gesagt soll offenbar nur sein: von allen öffentlichen Einkünften.
4) Vgl. Borelius p. 83.
5) Der Wichtigkeit wegen setze ich beide Stellen her:

Capit. Cap. 5, LL. I, 117.	Lex Saxonum.
Nemini liceat servum suum, propter damnum ab illo cuilibet illatum, dimittere; sed juxta qualitatem damni dominus pro ipso respondeat, vel eum in compositione aut ad poenam peltori offerat. Si autem servus perpetrato scelere fugerit, ita ut a domino penitus inveniri non possit, sacramento se dominus ejus excusare studeat, quod nec suae voluntatis nec conscientia fuisset, quod servus ejus tale facinus commisit.	Cap. 51: Si servus scelus quodlibet nesciente domino commisit, ut puta homicidium, furtum, dominus ejus pro illo juxta qualitatem facti multam componat. Cap. 52: Si servus perpetrato facinore fugerit, ita ut a domino ulterius inveniri non possit, nihil solvat. Si domino factum servi imputatur, quasi consentiret, sua duodecima manu jurando se purificet. Cap. 53: Si servus iterum a domino receptus fuerit, multam pro eo componat.

Im Cap. 51 ist der Gebrauch von factum zu beachten, da die Lex Cap.

muß der andere benutzt sein. Schon aus äußeren, ganz allgemeinen Gründen ist aber gewiß nur die Annahme gestattet, daß der **Lex Saxonum** die Zusatzartikel zum ripuarischen Volksrecht bei ihrer dürftigen Aufzeichnung vorgelegen haben. Insbesondere ist aber der Zusammenhang in der **Lex Saxonum** unvollständig; er läßt sich nur durch mehrere Mittelglieder erklären, die in den Zusatzartikeln vorhanden. Der Herr, heißt es in der Lex, muß für das Vergehen seines Knechtes, z. B. Todschlag, Diebstahl, einstehen. Alsdann fährt die Lex fort: „Wenn der Knecht nach dem Verbrechen flieht, so daß er von dem Herrn nicht mehr aufgefunden werden kann, zahlt der nichts. Wenn dem Herrn die That des Knechtes aufgebürdet wird, gleichsam als ob er eingestimmt, reinigt er sich durch einen Zwölfeib."

Die Zusatzartikel gehen, indem auch sie den Herrn verantwortlich machen, von dem Verbote aus, einen Knecht, der ein Verbrechen beging, zu entlassen. Was in einem solchen Falle geschehen soll, sagt die Lex nicht, wendet sich vielmehr gleich zur Flucht des Knechtes. Während aber die Zusatzartikel dem Herrn den Reinigungseid für diesen Fall zuweisen, folgt solches in der Lex nur aus der Stellung des Satzes, der über den Eid handelt. Ein sachlicher Zusammenhang fehlt, und da in der Lex das Verbot, den Knecht zu entlassen, nicht aufgenommen wurde, scheint nach ihr der Herr sich aller Strafe haben entziehen zu können, wenn er nur einfach seinen schuldigen Knecht das Weite suchen läßt.

Somit kann es gar nicht zweifelhaft sein, daß die Zusatzartikel zum ripuarischen Volksrecht bei Abfassung der **Lex Saxonum** benutzt wurden. Es scheinen dieselben ja überhaupt eine weitere Verbreitung als manche andere Capitulare gefunden zu haben[1].

Sind aber jene Capitula bei Abfassung der **Lex Saxonum** benutzt, und wurde die wirklich zu einer Zeit niedergeschrieben, in der König Karl noch mehrere Söhne hatte, so geschah das in den Jahren 803 bis 811. In dieser Zeit ist also die **Lex Saxonum** entstanden.

56, 57, 58 sonst wie die Capitula „damnum" hat. Der Gebrauch von facinus und committere findet sich in den mitgetheilten Capiteln der Lex in anderer, nicht entsprechender Weise wie in den Capitula, wo beide sonst auch vorkommen. Zu beachten ist noch alterius anstatt penitus und die hier von der frühern Fassung der Lex ganz abweichenden Worte für die Eidesleistung.

[1] Vgl. Sorellus a. a. O.

Wenn sich aber auch diese Abfassungszeit nicht feststellen ließe,
könnte die Lex Saxonum schon aus dem Grunde nicht gemeint
sein, wenn — wovon diese Erörterung ausgegangen — in den karolingischen Gesetzen ganz im allgemeinen vom Recht der Sachsen die
Rede ist, da sie einmal kein rein sächsisches Volksrecht enthält und
sodann in einem zu argen Gegensatz zu der Reichsgesetzgebung
steht, als daß angenommen werden könnte, diese habe sie gewissermaßen anerkannt, oder gar, was bisher stets behauptet, sie sei
unter Mitwirkung der fränkischen Regierung entstanden.

Ueber die Abweichung der Lex Saxonum von dem Rechte,
wie es im Frankenreiche allgemein galt, insbesondere noch von den
Gesetzen, die eigens für Sachsen erlassen, ist in einem frühern Abschnitte[1] eingehend gehandelt worden. Die Lex setzt das Bestehen
des Racherechtes als selbstverständlich voraus, die Gesetze bekämpfen
es im allgemeinen, und im besondern für Sachsen. Die Lex kennt
kein Asylrecht der Kirchen: es wird denen in Sachsen von Karl im
weiten Umfange verliehen. Die Lex verhängt strenge Todesstrafe
über die Brandstiftung: ein Gesetz hat sich gerade bemüht, diese
Strafe zu ändern, u. f. w.

Diese Abweichungen von dem Gesetzesrechte weisen sehr bestimmt darauf hin, daß wir es hier nur mit einer privaten Arbeit,
nicht mit einem Theile der Gesetzgebung Karl des Großen zu thun
haben. Und das wird sodann durch den höchst ungenauen und
ungenügenden Inhalt der Lex Saxonum noch fester erwiesen. In
bunter, wenig kritischer Mischung finden wir da sächsisches und
fränkisches Recht.

In den ersten zwanzig Kapiteln des sächsischen Volksrechtes,
die über Todschlag und Körperverletzungen aller Art handeln, werden wir nur sächsisches Recht zu erblicken haben. Das hohe Wergeld des Adels, das uns hier entgegentritt, kann unmöglich durch
Karl den Großen eingeführt sein; politische Gründe hätte zu bestimmt dagegen sprechen müssen[2], und ein so genaues Verzeichniß
der einzelnen Bußansätze, wie es die Lex liefert, wäre auch kaum
so ohne besondern Hinweis aufgenommen, wenn es erst vor Kurzem
aufgestellt und den Sachsen übergeben wäre. Mit der fränkischen
Herrschaft mag es aber zusammenhängen, daß wir hier in der Lex

---

1) S. oben S. 17 ff.
2) Vgl. Abel I, 345 ff., der die Ansichten anderer zusammengetragen und
besprochen.

Saxonum die Bußansätze für Verletzungen des Adels, und nicht die des Gemeinfreien als Norm finden. Der Adel der Sachsen wurde dem gemeinfreien Franken gleichgestellt [1]. Fränkischem Einfluß wird auch hier wie überall und durchgehends die Zurückführung der Bußen auf Solidi zuzuschreiben sein, denn die Sachsen haben schwerlich vor der fränkischen Zeit den Begriff des Geldes gehabt. Der Einfluß thatsächlicher Verhältnisse wird sich in einem wenig jüngern Zusatze zu Capitel 16 geltend machen, wo von größern und kleinern Solidi gesprochen wird [2]. Möglich wäre es noch, daß in dem räthselhaften Satze, von dem wir annehmen, daß in ihm das Wergeld der Freien angegeben, von einer Aenderung gesprochen würde, die doch nur durch die fränkische Herrschaft herbeigeführt sein könnte [3].

Den volksthümlichen Charakter wahrt dieser erstere Theil der Lex Saxonum aber ganz unbestritten die ohne alle Einschränkung als gültiges Rechtsmittel vorausgesetzte Rache.

Mit Capitel 21 beginnt die Lex Saxonum von den Vergehen zu handeln, die mit dem Tode bestraft werden sollen. Hier finden wir sächsisches und fränkisches Recht vielfach in der engsten Verschmelzung, wobei aber die subjective Einsicht des Concipienten der Lex gewiß nicht ohne Einfluß auf die Bestimmung mancher Capitel war.

Die Todesstrafe für Verletzung der Kirchen wird fränkischem Rechte für Sachsen entsprechen. Dahingegen beruht dieselbe Strafe für den wissentlichen Meineid und das Handabhauen für den unwissentlichen sicher auf sächsischer Beurtheilung dieser Vergehen; doch darf man mit Recht — obwol keine bestimmte Nachrichten widersprechen — bezweifeln, ob hier wirklich sächsisches Recht vorliegt [4].

---

1) S. oben S. 51 ff.
2) S. oben S. 7.
3) S. oben S. 35. — Wilda p. 394, Note, sieht in dem neunfachen Wergelde beim Morde, Cap. 18, karolingischen Einfluß und führt dann p. 898 aus, der neunfache Ersatz beim Mord und Diebstahl, der sich bei den Sachsen (Cap. 18, 30, 36) und übrigen Volksstämmen, nicht aber bei den Franken findet, sei daher gekommen, daß diese den schon vorher bei jenen Völkern bestandenen Ersatz verdreifacht hätten. Gegen die Richtigkeit der Annahme scheint mir allein schon zu sprechen, daß in dem Falle die Buße für Mord und Diebstahl bei den Sachsen im Verhältniß zu den andern Strafen zu gering sein würde. Auch finden wir in der karolingischen Gesetzgebung für Sachsen gerade das Bestreben, die strengen einheimischen Strafen zu mildern. Den Königsboten und ihren Leuten ward dreifacher Ersatz zugesichert: womit es doch schlecht stimmen würde, wenn dieselbe Gesetzgebung sonst neunfachen Ersatz bestimmt.
4) So schon Gaupp p. 125 und Wilda p. 933 R. 4.

Die Todesstrafe für Meineid findet sich in keinem anderen Volksrechte, sie war auch später, so weit wir sehen, in Sachsen nicht ge-
bräuchlich. Schwerer als bei andern Stämmen wird aber allerdings der Meineid bei den Sachsen bestraft sein. Zu der Annahme
führt bereits, daß Karl eigens bestimmt, es solle mit den Meineidigen bei dem bisherigen Recht der Sachsen bleiben[1]), während doch
sonst gerade die karolingische Gesetzgebung eine erhöhte Bestrafung
des Meineides erstrebt zu haben scheint. Auch bei den Friesen
wurde der Meineid sehr hart, mit zwei Wergeldern, gestraft[2]). Somit darf vielleicht angenommen werden, daß der Meineid bei den
Sachsen zwar sehr strenge, aber nicht, wie die Lex Saxonum angiebt, mit dem Tode bestraft wurde.

Fränkisch sind sodann die Strafen für Verletzung des Kirchenfriedens, deren Erwähnung dem Abfasser der Lex Gelegenheit gab,
unvollständig und mangelhaft die christlichen Feste aufzuzählen;
fränkisch wird ferner die Todesstrafe für Nachstellung nach dem
Leben des Frankenkönigs und seiner Söhne, fränkisch endlich, jedoch
anknüpfend an sächsische Verhältnisse, wird die Todesstrafe für Todschlag des Herrn und Verbrechen gegen dessen Familie sein[3]).
Dann aber folgt eine Reihe von Capiteln, in denen sächsisches Recht
überwiegt, wenn sich auch Einfluß der Frankenherrschaft zeigt.

Diesem Einfluß ist es vielleicht zuzuschreiben, daß die Tödtung
des Faidosus im eigenen Hause mit dem Tode bedroht wird[4]). In
dem folgenden Capitel erinnert sodann die Erwähnung der Kirche
an die fränkische Zeit, wenn freilich auch gerade diese Bestimmung,
wonach der zum Tode Verurtheilte von Kirchen ausgeliefert werden
soll, mit dem fränkischen Gesetzesrechte im Widerspruch steht[5]). Sächsisch sind ohne Frage die schweren Strafen, mit denen darauf der
Diebstahl bedroht wird; nur die Erwähnung von Solidi und Denaren mag hier auf die Frankenherrschaft hinweisen. Jede Entwen-
dung von einem größern Werth als bis zu drei Solidi, einerlei ob sie
am Tage oder bei Nacht geschah, soll mit dem Tode gebüßt werden. Der mit nächtlichem Einsteigen verbundene Diebstahl ist selbst
schon bei einem Werthe von nur zwei Solidi mit dem Tode

---

1) Cap. de partib. Saxon. Cap. 33 f. oben S. 11.
2) Lex Frision. III. 20, LL. III, 665.
3) S. oben S. 32 ff.
4) S. oben S. 19.
5) S. oben S. 20.

ju beftrafen, unb ebenfo wenn ein vierjähriger Dchfe, ber auch
einen Werth von 2 Solibi hatte, jur Nachtzeit entwendet wird.
Unbebingt aber fteht Tobesftrafe auf ben Pferbebiebftahl, auf Entwenbung von Bienenlörben aus tem Schauer, auf jebwebe wiber-
rechtliche Aneignung aus ber Screona[1]). Der fleine Diebftahl, bis
ju einem Werthe von brei Solibi, ober einem Denar weniger als
brei Solibi, wie bie Ley angiebt, ift mit neunfachem Schabenerfat
bebroht — ber benn auch bie Entwenbung eines Bienenforbes
außerhalb bes Schauers traf[2]), — boch fam baju benn noch bie
Buße an ben Staat, Frebus von ber Ley genannt, beffen Höhe,
wie früher ausgeführt, bem fränfifchen Grafenbann für Sachfen
entfprach.

Auf biefe harten Strafen für Eigenthumsverletzungen werben
fich vor allem bie Beftrebungen Karls bezogen haben, eine Mög-
lichfeit ber Milberung zu erhalten[3]). Beglaubigt finb fie uns, ab-
gefehen von ganz allgemeinen Ausbrücken bei Rubolf von Fulba,
Wibulinb, Wipo u. a., mehrfach. Für bie Tobesftrafe beim Pferbebiebftahl befitzen wir ein ausbrückliches Zeugniß[4]), unb jebe Entwenbung von einem höhern Werth als brei Schillinge war noch im
breizehnten Jahrhunbert in Sachfen mit bem Tobe zu beftrafen[5]).
Hier alfo haben wir es, wie bei bem Racherecht, ganz ficher mit
rein fächfifchen Rechtsanfchauungen zu thun, an bie fich freilich in
bem, was bie Ley Frebus nennt, offenbar Anorbnungen bes fränfifchen Reiches anfchließen.

Fränfifchen Urfprungs ift bas Capitel 37, welches alle Verletzungen im Heerbann[6]), unb auf bem Wege zum ober vom Palatium
mit breifacher Buße bebroht. Im fränfifchen Reiche fcheint aber
biefe breifache Buße, bie früher allerbings allgemeinere Bebeutung
hatte, wenigftens für ben Heerbann abgekommen zu fein[7]). Daß
biefelbe für Sachfen wieber eingeführt, ift wenig glaublich, ja es
fcheint fogar ber Weg zum Palatium nur mit bem Königsbann ge-

---

1) Screona — Schrant ober Frauengemach? Ich benke an biefes.
2) Cap. 31. Ein alveariam apam war ficher weniger werth als brei Solibi, weshalb biefes Capitel eigentlich überflüffig ift. Das novies componen-
dam ent wirb burch Cap. 36: novies componat, quod abstulit noch mehr erläutert.
3) S. oben S. 38, 43.
4) Vita Liudg. alt. I, 22; SS. II, 419.
5) Sachfenfpgl. II. 13, 1.
6) in hoste vel de hoste.
7) Waitz IV, 466, 276; vgl. oben S. 22.

schützt zu sein[1]). Wäre für Sachsen eine Verfügung erlassen, wie
dieses Capitel der Lex voraussetzen läßt, so würde sie doch auch wol
in dem Capitulare der Bestimmung angereiht sein, die den Weg
zum Palatium zum Gegenstand hat. Somit hat der Inhalt des
Capitels 37 der Lex schwerlich Gültigkeit in Sachsen gehabt. Wir
werden es hier mit einer Antiquität zu thun haben, die willkürlich
eine Aufnahme in das sächsische Volksrecht fand.

Dieses Capitel über die dreifache fränkische Buße ist aber auch
seiner Stellung wegen höchst auffallend. In dem folgenden Capitel
sind sicher wieder nur sächsische Zustände ins Auge gefaßt, und da
dasselbe, wie die meisten vorangehenden, ein lobeswürdiges Verbrechen
(Brandstiftung) behandelt, läßt sich der Gedankengang bei der Ein-
reihung des Capitels 37 kaum anders erklären, als durch die Erwähnung des fränkischen kleinen Banns in dem unmittelbar vorangehenden. Das Capitel 38 verhängt über den eigenmächtigen Brandstifter, einerlei, ob er das Verbrechen am Tage oder bei Nacht ver-
übte, die Todesstrafe. Es geht dabei von der den Sachsen eigenthümlichen Strafe des Niederbrennens des Hauses dessen, der nicht
zu Recht stehen will, aus, eine Strafe, deren Anwendung Karl der
Große durch das Capitulare saxonicum regelte, indem er gleichzeitig die Todesstrafe für eigenmächtige Brandstiftung in Zahlung
des großen Banns milderte. Die Lex saxonum weicht hier also
ab von der karolingischen Gesetzgebung, giebt aber eine volksthüm-
liche Strafe an, welche die Gültigkeit jener überdauert hat[2]).

Die Lex Saxonum beschließt hiermit das Strafrecht. Bevor
sie sich dann aber zu ihrem wichtigsten Theile, zu dem Familien-
rechte wendet, hat sie erst noch ein Capitel aufgenommen, welches
gleichfalls von einer unrechtmäßigen Handlung, Verletzung von
Eigenthumsrechten, aber nur von der Abwehr des Bedrohten, nicht
von der Strafe für den widerrechtlichen Angriff handelt. Wer einen
andern, heißt es da, hinterlistiger Weise durch einen Eid Eigenthum
entziehen will, möge durch zwei oder drei geeignete Zeugen aus derselben Provinz überführt werden, und wenn es mehrere sind, desto

1) Cap. de partib. Cap. 26: Ut nulli hominum contradicere viam ad nos
veniendo pro justitia reclamandi aliquis praesumat et si aliquis hoc facere
conaverit, nostram bannum solvat. — Erläutert wird die Stelle in unserm
Sinne dann noch durch Capit. saxon. Cap. 4, wo es von diesem Wege immer zur
heißt: ad palatium.
2) Vgl. oben S. 21.

beffer. Die Mangelhaftigkeit diefer Peftimmung wird veranlaßt
haben, daß in den Capiteln, welche nachträglich der Ler zugefügt
wurden, eine weitere Ausführung derfelben Aufnahme fand[1]).

Ueber Familien- und Erbrecht wird in den folgenden zehn Capiteln der Rechtsaufzeichnung gehandelt, und es können diefe Angaben, welche wirklich das Gewohnheitsrecht der Sachfen im allgemeinen anzugeben fcheinen, mit Recht als die wichtigften der Ler
bezeichnet werden. Die Ordnung ift freilich auch hier äußerft
mangelhaft. Das Capitel 40 handelt über Eingehung der Ehe,
woran fich gleich Entführung und Frauenraub anfchließen. Darauf
wird weitläufig Erb- und Eherecht abgehandelt, bis die Ler im
Capitel 49 wieder auf den Frauenraub zurücklommt. Ebenfo ift es
mit den andern Capiteln, von denen 41, 44, 46 das Erbrecht[2]),
42, 43, zum Theil auch 44 und 45 das Vormundfchaftsrecht betreffen, während 47 und 48 fich in guter, überfichtlicher Folge auf
das eheliche Güterrecht beziehen. — Dunkel find diefe Rechtsfätze
allein fchon durch ihre Kürze. Sie läßt uns auch nur auf Grund
einer mehrfachen Combination zu dem Ergebniß lommen, daß hier,
z. B. beim Muntfchatze und der Muntbrüche von Gemeinfreien,
nicht etwa von Liten oder Edeln die Rede ift[3]). Die angegebenen
Geldfummen würden für den Adel, nach Maßgabe der Beftim-
mungen in den Capiteln 15 und 20, und nach Analogie anderer
Bellsrechte, weder als Minimal- noch als Maximalfätze zu betrachten fein, während letzteres für den Gemeinfreien anzunehmen ift, fo
weit nicht, wie hier gleichfalls gefchieht, fein Wergeld als eine fefte
Buße in Betracht lommt. Es ift höchft auffallend, daß die Ler an
diefer Stelle von den Verhältniffen des Gemeinfrien ausgeht, während fie für das ganze Bußfyftem die des Eblen zu Grunde legt.
Doch erllärt fich diefes einigermaßen aus der Bedeutung, welche das
Strafrecht für die Franken haben mußte.

Obwol der Kern der Rechtsgrundfätze, welche hier als fächfifches
Familien- und Erbrecht verzeichnet find, auch ficher als folches betrachtet werden kann, fo ift doch auch dabei große Vorficht erforderlich. Es ift z. B. eine doppelte Angabe über Frauenraub vorhanden,

1) Vgl. oben S. 19.
2) Im Cap. 41 lefe ich mit Codd. 2 (nach Spangenberg p. 181), 3, 4
(und 5): Pater aut mater, nicht wie Cod. 1 allein haben wird und von Merkel
in den Text genommen wurde: Pater autem et mater, was leicht einen ganz
verkehrten Sinn geben könnte.
3) Schroeder, Gefchichte des ehelichen Güterrechts I, 18; vgl. oben S. 25.

von denen die eine allgemeinem fränkiſchen Reichsrechl entſpricht.
Nach Capitel 40 muß, nebſt den Bußgeldern, die Geraubte den
Eltern zurückgegeben werden, wie es dem Geſetzesrechte des Reiches
entſprechend iſt, das ſonſt gerade für dieſe Verhältniſſe eigens an
die Volksrechle anknüpft[1]). Der Räuber hat in dieſem Falle dem
Mädchen ſein Wergeld als Buße zn zahlen, was gewiß wieder
ſächſiſch iſt[2]). Nach Capitel 49 kann der Räuber aber die von ihm
geraubte Braut eines andern behalten, er kann ſie, nach Erlegung
der ſonſtigen Bußgelder, mit der gewöhnlichen Summe kaufen, wogegen ſich auf das beſtimmteſte die Reichsgeſetzgebung erklärt. In
einer von beiden Feſtſetznngen, dann gewiß der erſteren, wird ſich
fränkiſche Anſchauung geltend machen. Das iſt auch der Fall, wenn
die Morgengabe im Capitel 47 als dos bezeichnet wird[3]), und vielleicht gleichfalls im Capitel 46, wo das bedingte Repräſentations-
recht der Enkel nicht recht zu dem weitern Erbrecht der Töchter und
einem bekannten Vorgange aus der Zeit Otto des Großen paſſen
will[4]).

Sonſt aber wird durch andere Nachrichten gerade manches be-
ſtätigt, was wir hier als ſächſiſches Recht finden und beſſen Richtigkeit ſich auf den erſten Blick bezweifeln ließe. So iſt das namentlich im Vergleich zur Lex Thuringorum hier gewiß weitgehende
Erbrecht der Töchter nicht nur durch die wiederholten Beſtimmungen
der Lex, ſondern auch durch Nachrichten für unſere Zeit beglaubigt,
die mit Rechtsaufzeichnnngen direct nichts gemein haben[5]). Andere
Zweifel könnte die verhältnißmäßig geringe Strafe für Frauenraub
erregen. Die vielfachen Todesſtrafen für Eigenthumsverletzungen
ließen eigentlich auch hier dieſelbe Strafe erwarten, zumal ſpäter
wirklich der Frauenraub in Sachſen mit dem Tode beſtraft ſein
wird[6]). Allein die Angaben der Lex, wonach Frauenraub mit einer
allerdings hohen Buße, die bei qualificirten Verbrechen ſich noch
erheblich ſteigerte, bedroht war, werden doch wol zuverläſſig ſein,

---

1) Capit. Aquisg. 817, cap. 9, p. 211.
2) S. Schroeder a. a. D.
3) Schroeder a. a. D. p. 100.
4) Widuk., Res gest. saxon. II, 10.
5) Ich meine, die oft angeführte Spist. reclam. bei Jaffé, Bibl. III, 318,
wo von der hereditas materna des Richart und ſtets von der hereditas des
Blutſtellers und ſeiner Schweſter die Rede iſt. Dazu kommen Frauen als Grundeigenthümer vor, und deshalb wird die domina auch wie der dominus von der
Geſetzgebung geſchützt; ſ. oben S. 40.
6) S. oben S. 22 N. 1.

denn die Bestimmung der fränkischen Gesetzgebung, wonach Raub der Tochter des Herrn Todesstrafe zur Folge haben soll[1]), hat zur nothwendigen Voraussetzung, daß diese Strafe sonst für Frauenraub nicht üblich war.

Beim Erbrecht und ehelichem Güterrecht ist jedoch immer zu beachten, daß die Lex hier zu sehr generalisirt, denn in beiden Beziehungen weist der Rechtszustand in Niedersachsen in jüngerer Zeit eine viel größere Mannigfaltigkeit, die doch auf älteren Anschauungen beruhen muß, auf, als die Angaben der Lex vermuthen lassen.

Bei den folgenden Capiteln der Lex Saxonum sind die stärksten Bedenken dagegen gerechtfertigt, daß hier sächsisches Recht verzeichnet ist. Dieselben handeln von Vergehen und Verbrechen der Liten und insbesondere der Knechte. Schon in einem frühern Capitel, 18, ist ausgesprochen, der Herr habe den Todschlag durch seinen Liten zu büßen, falls derselbe auf seinen Befehl geschehen sei. Im andern Falle entläßt er den Liten, so daß gegen den verfahren werden kann, und schwört, daß er selbst nichts von der Sache gewußt. Hier ist jenes verallgemeinert, indem in Beziehung auf Knecht und Lite gesagt ist, daß der Herr dafür büßen müsse, was auf seinen Befehl geschehen. Die Entlassung des Liten, falls er auf eignem Antrieb gehandelt, ist hier offenbar vorausgesetzt, indem im folgenden dann nur von dem Knechte gesprochen wird. Für dessen Vergehen, einerlei, ob er davon gewußt oder nicht, hat der Herr überhaupt einzustehen. Als Beispiele, wo der Herr die Buße für den Knecht zu zahlen hat, werden Todschlag und Diebstahl genannt. Wie aber paßt das auf sächsische Verhältnisse, wo z. B. fast auf jeden Diebstahl Todesstrafe stand? Es entspricht ihren eignen Angaben über sächsisches Strafrecht nicht, wenn die Lex hier immer nur an Bußzahlung denkt. Auch die Stellung, welche sie hier dem Knechte zuweist, muß Bedenken unterliegen, die einmal wieder in der Anwendung des Strafrechts, dann aber in der verhältnißmäßig sehr nahen Stellung der Liten zu den Knechten[2]), und endlich darin begründet sind, daß nach einer andern Nachricht, — die eine Anwendung des allgemeinen, auch bei den berechtigten Ständen gültigen, sächsischen Strafrechts auf die Knechte zulassen würde, — letztere selbst, nicht der Herr für sie, zu büßen hatte[3]), was eben im

---

1) S. oben S. 84 N. 1.
2) S. oben S. 37.
3) Bruchstück eines sächsischen Capitulars, s. oben S. 55: Si servus hoc fecerit secundum suam legem, omnia in triplum restituat et disciplinae corporali subjaceat.

fränkischen Reiche sonst, wenigstens nach der Lex Ripuaria, nicht war.

Alle die vorgenannten und manche andere Bedenken gegen die Annahme, daß hier sächsisches Recht vorliege, werden nun aber noch sehr erheblich durch die schon früher gemachte Beobachtung gesteigert, daß zu der Abfassung der Lex an dieser Stelle die Zusatzartikel zur Lex Ripuaria benutzt wurden[1]. Es geschah das auf eine Weise, welche den logischen Zusammenhang benachtheiligt, wodurch um so mehr das durch obige Ausführung geweckte Mißtrauen gerechtfertigt wird, daß nämlich hier die Benutzung einer fremden Rechtsquelle nicht durch Gleichheit oder Aehnlichkeit der Verhältnisse, sondern durch irgend welche andere, uns nicht bekannte Gründe veranlaßt wurde. Ein Recht, das sächsischer Auffassung entsprach, werden wir in diesen Capiteln schwerlich vor uns haben.

Nach dem Resultate der Untersuchung über die zuletzt besprochenen Angaben der Lex Saxonum wird man auch zu den gerechtesten Bedenken gegen deren Zuverlässigkeit in den folgenden Capiteln geneigt sein, zumal sich dieselben in leicht erkennbarer logischer Folge an die frühern anschließen. Die Vermuthung muß nahe liegen, daß irgend eine Rechtsaufzeichnung, die gleichzeitig mit den Zusätzen zur Lex Ripuaria in die Hände des Verfassers der Lex kam, ihn in ähnlicher Weise, wie kurz vorher, als Quelle diente. Es erheben sich jedoch auch Bedenken gegen solche Annahme. In sieben Capiteln wird hier vom Schaden gesprochen, der durch Zufall oder Vieh angerichtet würde, sowie von Beschädigungen fremden Viehs. Die Capitel sind so nachlässig redigirt, daß sich eins derselben fast wörtlich wiederholt findet[2]. Gerade diese Nachlässigkeit mag aber dafür sprechen, daß hier nicht eine andere Quelle, wie bei den kurz vorangehenden Capiteln, im wesentlichen ausgeschrieben wurde, denn wir sehen dort den Ausdruck sorgsam gewählt, mehrfach auch einen Wechsel der Worte, als ob die Quelle verheimlicht werden solle[3]), was alles für eine Ueberlegung spricht, die sich gerade in diesem Zusammenhange nicht zeigt. Dazu kommt, daß hier zweimal die Falba erwähnt wird[4]), wodurch doch gleichfalls auf sächsische Verhältnisse verwiesen zu werden scheint.

1) S. oben S. 59.
2) S. oben S. 7.
3) S. oben S. 59 N. 5.
4) S. oben S. 19.

Die Ley wendet sich darauf plötzlich zu Bestimmungen, wie sie kaum in irgend einem andern Volksrecht anzutreffen sind. Form und Inhalt entsprechen nicht dem vorhergehenden Theile. Während für diesen bei vorurtheilsfreier Prüfung gar kein Grund zu der Annahme vorliegt, daß er etwa von verschiedenen Verfassern oder zu verschiedenen Zeiten entstanden sei, während sich hier durchweg eine Vermischung älterer sächsischer mit neuem, zum Theil wol gar veraltetem fränkischem Rechte findet[1]), während sich gar häufig eine große Nachlässigkeit und Mangel an Präcision in der ganzen Abfassung zeigt, sind die folgenden, letzten sechs Capitel ganz conform im Inhalt, dazu besser gefaßt und logischer angeordnet. Sie werden einen andern Concipienten haben[2]), der freilich wol bald nachher den Griffel zur Hand genommen, als sein Vorgänger ihn niedergelegt.

Von den sechs Capiteln beziehen sich die vier ersten auf Uebertragungen oder Occupation von Grundeigenthum. In dem letzten derselben wird geradezu Bezug genommen auf die Veränderungen, welche durch die massenhafte Fortführung der Grundeigenthümer aus dem Lande entstehen mußten: allein auch die drei vorausgehenden Capitel müssen sich im wesentlichen auf ganz dieselben Veränderungen beziehen. Wir haben hier also ein Recht vor uns, das in neuen ganz außergewöhnlichen Zuständen begründet war, wobei es freilich selbstverständlich ist, daß die rechtliche Beurtheilung derselben in ältern Rechtsanschauungen, mit denen sich fränkisches Gesetzesrecht mischen mochte, ihre Wurzeln haben mußte.

Ganz und gar fränkisch ist das fünfte der fraglichen Capitel, welches den Liten des Königs, die es doch früher nicht in Sachsen gab, das Recht giebt, sich überall eine Frau zu nehmen, während ein gleich weitgehendes Verlobungsrecht ihnen abgesprochen wird. Es entspricht dieses uns auch anderweitig bekanntem Rechte des karolingischen Reiches[3]).

In dem letzten Capitel der Lex Saxonum, — dem dann zwei jüngere Codices noch mehrere Sätze angehängt[4]) — wird, ausgehend von dem Mangel an Geld bei den Sachsen, angeführt, daß zwei verschiedene Werthe, die hier in Vieh angegeben, von den

1) S. oben S. 22.
2) S. oben S. 13 ff.
3) S. oben S. 16.
4) S. oben S. 8 ff.

Sachsen mit dem einen Ausdruck Solidus bezeichnet würden[1]), so daß es bei ihnen zwei Solidi gebe, einen zu zwei, und einen, wie es im fränkischen Reiche der Fall war, zu drei Tremissen. Es wird dann ferner bemerkt, daß in jenem die größern, in diesem die kleinern Bußen zu erlegen seien. Da nun ein Gesetz Karl des Großen sich gleichfalls mit der Zurückführung der Tauschwerthe bei den Sachsen auf fränkische Solidi beschäftigt, und da wir in dem nichts von einem zweifachen Solidus bei den Sachsen finden, da ferner eine solche Berechnung, wie die Lex sie angiebt, zu vielfachen Unklarheiten Anlaß geben mußte, da wir auch ein ausdrückliches Zeugniß haben, daß bei den Sachsen der Solidus gleichfalls drei Tremissen gehabt[2]), so wird schwerlich die Muthmaßung abzuweisen sein, daß wir es hier mit theoretischen Angaben zu thun haben, die vielleicht in häufigern Gebräuchen des Lebens ihren Grund haben mochten, die uns aber nicht zu der Annahme berechtigen, daß bei den Sachsen ein besonders verwickeltes Münzsystem bestanden[3]).

Daß diese letzten Capitel von ein und derselben Hand geschrieben wurden, scheint sich auch durch eine Glosse in dem frühern Theile der Lex zu bestätigen, deren Sprachgebrauch mit mehreren Capiteln dieses letzten Theiles übereinstimmt[4]). Sie wird von dem Verfasser derselben herstammen und eingeschoben sein.

Der Inhalt der Lex Saxonum ist nun erschöpfend besprochen worden. Er ist mannigfacher Art. Altsächsisches Recht ist vermengt mit neuem Recht für Sachsen, mit fränkischem Recht, mit Recht, das nur eine vorübergehende Bedeutung hatte. Ist die Aufzeichnung nun aber gemacht unter dem Einfluß des großen Frankenkönigs[5])? Darauf könnte mehreres hinführen. Wir wissen, daß Karl sich die Rechtsaufzeichnungen für die verschiedenen Stämme seines Reiches besonders angelegen sein ließ, daß er solche förderte, veranlaßte[6]). Allein das geschah zu dem praktischen Zwecke, daß solche Aufzeichnungen nun in den Gerichten gebraucht würden, daß danach, und

---

1) Solidus est duplex: unus habet duos tremisses, quod est bos annisulus duodecim mensium vel ovis cum agno, alter solidus tres tremisses, id est bos 16 mensium.
2) S. oben S. 24.
3) Vgl. oben S. 78 ff. die nähere Begründung meiner Ansicht.
4) S. oben S. 6 ff.
5) Das ist z. B. auch die Ansicht von Waitz III, 144.
6) Einhard. Vita cap. 29: Omnium tamen nationum, quae sub ejus dominatu erant, jura, quae scripta non erant, describere et litteris mandari fecit.

nicht nach menschlicher Willkür, das Recht gefunden werde[1]). Es
geschah aber gewiß auch allgemein mit den Gesichtspunkten, die
Einhard für die Arbeiten an den eigentlich fränkischen Rechtsaufzeichnungen hervorhebt: um das, was fehlte, hinzuzufügen, um das Abweichende in Uebereinstimmung zu bringen, das Schlechte zu ver-
bessern. Passen aber diese Gesichtspunkte auf die Lex Saxonum?
Konnte sie in den Gerichten gebraucht werden, obwol sie in Betreff
der Faida, der Brandstifter, der Kirchenschänder von dem Rechte
abwich, das Karl sonst, ganz in Uebereinstimmung mit dem allgemeinen Rechte seines Reiches, durch seine Capitularien bei den
Sachsen gebot? Konnte die Lex in den Gerichten gebraucht werden,
da sie doch zum Theil sogar veraltetes fränkisches Recht, zum Theil
aber für Sachsen einheimisches Recht verkündete, das sicher nicht
dem Rechtsbewußtsein des Volkes, der bisherigen Gültigkeit, sondern
dem Recht der Franken entsprach, welches in dieser Beziehung nicht
bei den Sachsen eingeführt war? Somit verbietet der Inhalt, dann
aber auch die nachlässige Form der Lex die Annahme, daß sie von
der Reichsregierung gebilligt, daß sie unter ihrem Einfluß zum Gebrauch in den Gerichten verfaßt sei[2]).

Insbesondere ist es aber auch das Christenthum der Sachsen,
welches der Annahme widerstreben muß, daß diese ihre Lex die
Billigung des Kaisers erhalten. Die Faida widersprach zu sehr den
christlichen Anschauungen, die daher auch in den Capitularien besondern Ausdruck fanden, als daß sie, wie doch geschehen sein
müßte, bei den Sachsen hinfort geduldet wäre. Und auch die sehr
willkürlich eingeflochtene Belehrung, welche die Lex über die Fest-
tage der Christenheit giebt, ist wenig geeignet, uns glauben zu
machen, daß sie, die so mangelhaft ist, von kundiger Hand für das
der Belehrung gerade in dieser Hinsicht so bedürftige Volk gemacht
sei. In einer äußerst dürftigen Auswahl werden hier, nicht einmal
in der Reihenfolge des Kirchenjahres, nur einige der wichtigsten
Feste aufgezählt[3]).

1) Cap. a. 802, Cap. 26, LL. I. 94: Ut judices secundum scriptam legem
justa judicent, non secundum arbitrium suum.
2) Vgl. oben S. 16 ff.
3) Zuerst werden Cap. 23 die Hauptfeste: Ostern, Pfingsten, Weihnachten genannt, dann St. Maria, St. Johannis der Täufer, St. Petrus, St. Martin. Es
ist zweifelhaft, welcher von den Marienlagen gemeint; St. Peter mag Peter und
Paul sein. Das christliche Kirchenjahr war damals aber schon viel mehr aus-
gebildet und wurde es unter Karl durch die Synode von 813, Sirmond II, 283;
vgl. Ansegi Capit. I, 158 p. 289, vollends. Vgl. Rettberg, Kirchengeschichte Deutsch-
lands II, 790 ff., obwol das Werk hier nicht ganz genau.

All die vorgenannten Gründe weisen mit Nothwendigkeit darauf hin, in der Lex Saxonum eine mangelhafte Privatarbeit zu sehen. Allein angeregt wird deren Abfassung doch ohne allen Zweifel durch das gleichzeitige Bestreben der Regierung sein. Zu der Aufzeichnung der Volksrechte, wie sie Karl der Große für sein Reich beabsichtigte, gehörten unbedingt große Vorarbeiten, deren Anfertigung vielleicht gerade die Fülle von Schwierigkeiten schuf, welche uns schließlich um diese gesammten Aufzeichnungen gebracht. Es waren Forschungen nach dem volksthümlichen Rechte erforderlich, die ganz von selbst die Aufmerksamkeit denkender Männer auf dasselbe lenken mußten, auch wenn sie zunächst gar nicht beauftragt worden, an der Verwirklichung der Pläne des Kaisers theilzunehmen. Wissen wir doch auch, daß das Volk über die neuen Rechtsaufzeichnungen befragt werden mußte, was doch gleichfalls dem Interesse für solche nur förderlich sein konnte. Gerade die Aenderung der Verhältnisse des Lebens, der vornehmste Grund aller Rechtsaufzeichnungen, mag vollends Veranlassung für manche gewesen sein, den Bestrebungen der Regierung auch dann Aufmerksamkeit zu schenken, wenn sie auch selbst bei der Ausführung von deren Pläne unbetheiligt waren.

Vielleicht haben wir solche Privatarbeiten zu erkennen in der Lex Thuringorum und den verschiedenen Stücken, welche in den Handschriften ihr angehängt sind, ohne dazu zu gehören, ferner in der Lex Francorum Chamavorum, auch, und zwar mit noch größerer Sicherheit, in der Lex Frisionum mit ihren Anhängen, und in andern Aufzeichnungen. Alle diese Rechtsdenkmäler weichen in Form und Inhalt zu sehr von der Reichsgesetzgebung ab, als daß sie mit ihr einen Ursprung haben könnten. Bei allen wird sich nicht ein directer Einfluß der Regierung bei der Aufzeichnung geltend gemacht haben, wol aber wird das von ihr angeregte Forschen nach dem volksthümlichen Rechte eine Veranlassung dieser Arbeiten gewesen sein. Und so war es auch wol mit der Lex Saxonum. Die kann nicht einmal eine Art, wenn auch privater Vorarbeit für eine künftige vom Staate autorisirte Rechtsaufzeichnung sein, was etwa bei der Lex Frisionum und Chamavorum der Fall sein könnte, denn sonst würde sicherlich nicht das oft erwähnte Capitular bei der Abfassung benutzt sein, es würden sich nicht die ungenügenden Belehrungen über die Kirchenfeste, es würde sich nicht die jetzt vorliegende äußerst mangelhafte Redaction und sogar manche Bestimmung in ihr finden, gegen deren Richtigkeit mit Recht Bedenken zu erheben sind.

An der Lex Saxonum werden zwei verschiedene Verfasser, jedoch bald nach einander geschrieben haben. Daß der erste durch
die umfassende gesetzgeberische Thätigkeit der Jahre 802 und 803
zu seiner Arbeit angeregt, möchte sich auch daraus ergeben, daß er,
wie oft erwähnt, zu seiner sonst doch wol der Form nach eigenen
Ausarbeitung ein Gesetz, einen Zusatz zu einem Volksrechte benutzte,
der 803 abgefaßt sein wird, und in dem Reiche auch sonst weite
Verbreitung fand. Er benutzte die Zusätze zur Lex Ripuaria, obwol sie sicher auf sein sächsisches Recht keine Anwendung finden
konnten. Es mag dabei vielleicht die Verstümmelung der Zusätze,
bei der doch eine Absicht kaum zu leugnen sein möchte, eine ab-
sichtliche gewesen sein, um eben in dem Volksrechte, das hier durchaus dem altsächsischen Gewohnheitsrechte folgen mußte, das fränkische Recht zu verstecken. Ganz unbewußt mag es dem Verfasser
gewesen sein, daß trotzdem doch aus manchen Capiteln, deren Inhalt eine gleiche Behandlung erforderte, das Recht des Franken-
herrschers herausschaut. Der zweite Verfasser, der Fortsetzer, auch
Glossator der Lex Saxonum, hat offenbar gar nicht die Absicht
gehabt, das geltende Gewohnheitsrecht der Sachsen aufzuzeichnen.
Er hatte die neuen, und besonders die außerordentlichen Zustände
im Auge, verzeichnete für diese geltende Rechtssätze, die dann freilich
mit dem bisherigen Rechte manches gemeinsam haben mußten, wie
ja denn auch eine frühere Angabe der Lex von ihm in erweiterter
Form wiedergegeben wurde. Die Bestimmungen des letzten Capitels
über das Geld, auf welche besonderer Werth durch die Einfügung einer
Glosse zu einem frühern Capitel gelegt wird, werden, wenn auch
nicht dem Recht, so doch an einem Gebrauch des Lebens entnommen sein.

Die Benutzung der Lex Saxonum für eine Darstellung der
Verhältnisse der Sachsen in der ersten Zeit ihrer Unterwerfung durch
die Franken muß aber immer eine sehr vorsichtige sein. Von ihren
beiden Verfassern ist der erste zweifelsohne sehr willkürlich und nachlässig zu Werke gegangen, während der zweite fast mehr Beiträge
lieferte zu der politischen Geschichte und zur Erläuterung wirth-
schaftlicher Verhältnisse bei den Sachsen als zur Erkennung des
Rechtszustandes.

.